GERENCIAR
PARA O **LUCRO**

NÃO PARA A
PARTICIPAÇÃO
DE MERCADO

HERMANN SIMON é fundador e presidente da Simon-Kucher & Partners Strategy and Marketing Consultants. É especialista em estratégia, marketing e preços e presta serviços de consultoria a clientes do mundo todo. Publicou mais de 30 livros, incluindo os *bestsellers Campeãs Ocultas, Power Pricing* e *Think!* Também contribui com grandes publicações acadêmicas e comerciais, incluindo *Harvard Business Review, Management Science, Financial Times* e *Wall Street Journal.*

FRANK F. BILSTEIN é sócio da Simon-Kucher & Partners. Entrou na empresa em 1997 e foi diretor-gerente do escritório de Boston. É palestrante freqüente em conferências nacionais e internacionais e autor de várias publicações sobre administração, *marketing* e precificação. Escreve para o *Wall Street Journal* e outras publicações importantes.

FRANK LUBY é sócio da Simon-Kucher & Partners. Tem mais de 20 anos de experiência como consultor e jornalista nos Estados Unidos e na Europa. Seus artigos e comentários sobre *marketing* e precificação são publicados pelo *Wall Street Journal, Financial Times, Advertising Age* e inúmeros outras publicações especializadas.

S594g	Simon, Hermann
	Gerenciar para o lucro, não para a participação de mercado / Hermann Simon, Frank F. Bilstein, Frank Luby ; tradução Daniel Grassi. – Porto Alegre : Bookman, 2008.
	192 p. ; 23 cm.
	ISBN 978-85-7780-056-8
	1. Administração – Lucro. I. Bilstein, Frank F. II. Luby, Frank. III. Título
	CDU 658.155

Catalogação na publicação: Juliana Lagôas Coelho – CRB 10/1798

HERMANN SIMON
FRANK F. BILSTEIN
FRANK LUBY

GERENCIAR PARA O LUCRO

NÃO PARA A PARTICIPAÇÃO DE MERCADO

UM GUIA PARA OBTER LUCROS MAIORES EM MERCADOS ALTAMENTE COMPETITIVOS

Tradução:
Daniel Grassi

Consultoria, supervisão e revisão técnica desta edição:
Astor Hexsel
Doutor em Administração – USP
Professor da Unisinos

Ely Laureano Paiva
Doutor em Administração – UFRGS
Professor dos Cursos de Mestrado e Doutorado em Administração da Unisinos

Bookman®

2008

Obra originalmente publicada sob o título
Manage for Profit, Not for Market Share:
A Guide to Greater Profits in Highly Contested Markets

ISBN 1-59139-526-7

Original work Copyright © 2006 by Hermann Simon, Frank Luby, and Frank F. Bilstein
Publicado conforme acordo com a Harvard Business School Press.

Capa: *Paola Manica*

Leitura final: *Renato Merker*

Supervisão editorial: *Arysinha Jacques Affonso*

Editoração eletrônica: *Techbooks*

Reservados todos os direitos de publicação, em língua portuguesa, à
ARTMED® EDITORA S.A.
(BOOKMAN® COMPANHIA EDITORA é uma divisão da ARTMED® EDITORA S. A.)
Av. Jerônimo de Ornelas, 670 – Santana
90040-340 – Porto Alegre RS
Fone: (51) 3027-7000   Fax: (51) 3027-7070

É proibida a duplicação ou reprodução deste volume, no todo ou em parte, sob quaisquer formas ou por quaisquer meios (eletrônico, mecânico, gravação, fotocópia, distribuição na *Web* e outros), sem permissão expressa da Editora.

SÃO PAULO
Av. Angélica, 1.091 – Higienópolis
01227-100 – São Paulo – SP
Fone: (11) 3665-1100   Fax: (11) 3667-1333

SAC 0800 703-3444

IMPRESSO NO BRASIL
PRINTED IN BRAZIL

Em memória de Peter Drucker

Agradecimentos

Quando começamos este projeto, em 2002, não percebemos inteiramente o tamanho da colaboração necessária para fazê-lo frutificar. Ampliamos nossos agradecimentos sinceros a todos que nos mantiveram na direção certa, mas algumas pessoas merecem menção especial.

Joshua Bloom, experiente consultora do escritório de Boston da Simon-Kucher & Partners, foi nossa editora nos bastidores e forneceu continuamente *feedbacks* construtivos. Andrew Conrad e Cory Polonetsky, também do escritório de Boston, nos deram idéias valiosas que ajudaram a estruturar o livro. Agradecemos ainda a nosso parceiro e colega Georg Wuebker, de Zurique, por sua ajuda nas seções sobre segmentação. Ingo Lier e Dorothea Hayer administraram a documentação e o fluxo de informações de forma profissional em Bonn, como Matt Weisinger fez em Boston.

No capítulo de abertura, observamos que a idéia de "lucro *versus* participação de mercado" atrai não apenas a atenção gerencial, mas também a atenção acadêmica, inspirada, em parte, por um ceticismo saudável sobre as constatações famosas do PIMS. Agradecemos a Richard Harmer, Leslie Simmel, J. Scott Armstrong e Kesten C. Green por suas idéias e pela permissão de citar seus artigos em nosso livro.

Devemos muito a toda a equipe da Harvard Business School Press, em particular aos editores com quem trabalhamos de forma mais próxima. O editor executivo Kirsten Sandberg manteve o projeto andando, mesmo quando diminuíamos o ritmo. As idéias da editora de desenvolvimento Ann Goodsell deram origem à estrutura e ao seqüenciamento finais do livro. As contribuições da editora assistente Julia Ely se tornaram ainda mais importantes à medida que o manuscrito entrava em seus estágios finais.

Falando de editores, agradecemos a Brian Carney, membro do conselho editorial do *Wall Street Journal* e Therese Raphael, ex-editora da página de editoriais da versão européia do jornal. Seus comentários críticos e *feedback* sobre *marketing*, lucros e políticas de preço nos ajudaram a encontrar nosso foco e fortaleceram nossa confiança.

Obviamente, agradecemos aos nossos clientes de todo o mundo por nos permitirem servi-los como parceiros nos últimos 20 anos. O sucesso deles, baseado no compromisso que têm com as idéias e a sua implementação, permanecerá sempre como a prova verdadeira dos conceitos e do programa deste livro.

Por fim, sentimo-nos honrados e tristes pelo fato de o falecido Peter F. Drucker ter demonstrado interesse suficiente em nosso projeto para acompanhar seu desenvolvimento e oferecer ativamente sugestões e orientações contínuas. Fazendo eco às teorias de Joseph Schumpeter sobre desenvolvimento econômico e destruição criativa, escrevemos uma vez que a economia deve tratar o lucro como um custo genuíno, o custo de se manter no negócio. O lucro, argumentava ele, permite uma rápida mudança tecnológica, crescimento da produtividade e criação de empregos. Para nos ajudar e a nossos leitores a entender melhor o significado da orientação ao lucro, Drucker nos preveniu que deveríamos dar ênfase à importância de altos lucros sustentáveis, e não na maximização do lucro a curto prazo por si só. Uma semana antes de falecer, em novembro de 2005, ele nos enviou um resumo sucinto de suas opiniões sobre nosso livro, que havíamos remetido um mês antes: "Sempre enfatizei que a participação de mercado e a lucratividade precisam estar equilibrados e que a lucratividade, em geral, vem sendo esquecida nesse tumulto todo, em nome da participação de mercado. O livro de vocês é, portanto, uma correção bastante necessária."

Com o maior respeito, dedicamos nosso livro à memória de Peter Drucker.

Hermann Simon
Frank F. Bilstein
Frank Luby

Sumário

1	Prefira o Lucro à Participação de Mercado	11
2	Aprenda a Competir em Paz	33
3	Mude a Maneira como Você Forma Seus Pressupostos	49
4	Use os Dados Internos para Encontrar Oportunidades de Lucro	65
5	Mostrando as Preferências e a Disposição para Pagar	79
6	Otimize seu Mix de Marketing para Obter o Maior Lucro Adicional	97
7	Aumente os Preços para Obter o Lucro que Você Merece	113
8	Não Agrade Demais aos Clientes	131
9	Alinhe Seus Incentivos para Focar no Lucro	147
10	Tenha Sua Comunicação com o Mercado Sob Controle	159
11	Epílogo – É Hora de Transformar em Dinheiro Suas Oportunidades de Lucro	171
	Notas	179
	Índice	185

CAPÍTULO 1

Prefira o Lucro à Participação de Mercado

*Precisamos nos libertar dessa mania de participação de mercado.
A participação de mercado deve ser o meio para um fim, e não o fim em si.*
—CEO de uma empresa líder de mercado no mundo

PARA ENCONTRAR o símbolo mais poderoso de angústia na administração de empresas contemporânea, você não precisa vasculhar os arquivos das leis de falência, nem as declarações feitas em julgamentos notórios de fraudes. Em vez disso, você poderia dar uma olhada nas fotografias de alguns executivos de meia idade do estado americano de Michigan, para encontrar um pequeno acessório da moda: um alfinete de lapela com o número 29 incrustado.[1]

Os altos executivos da General Motors Corporation não usavam esses alfinetes para comemorar uma data importante, a potência de um motor ou o número de lançamentos de novos modelos. O alfinete revela o compromisso desses executivos com uma meta de desempenho no mercado altamente competitivo. A General Motors queria uma participação de 29% no mercado norte-americano e centrou todos seus recursos para obtê-la. Quando a companhia não conseguiu atingir a meta, alguns gerentes continuaram a usar o alfinete mesmo assim.

"O '29' estará ali até que alcancemos 29%", disse Gary Cowger, presidente da GM North America, em uma entrevista em 2004. "E então eu provavelmente comprarei um '30'."[2]

Respeitamos e admiramos a capacidade desses gerentes de motivar uma organização tão extensa ao redor de uma simples meta e de manter-se dedicados a ela apesar dos contratempos. Não é uma tarefa fácil. Mas contamos os executivos da GM entre as vítimas mais importantes de um conceito equivocado que pode ser tão antigo quanto o próprio pensamento gerencial. O erro é a crença firmemente defendida de que a participação de mercado é a base mais adequada para se estabelecer metas corporativas, gerenciar a corporação e medir seu desempenho. O alfinete "29" da General Motors é apenas um exemplo da influência impressionante e duradoura que essa crença pode exercer na cultura de uma empresa.

Este livro marca uma clara ruptura com as tradições e os ensinamentos que fizeram do poder ilimitado da participação de mercado a maior falácia gerencial dos dias de hoje. Nesta obra, vamos expor as contradições inerentes e o impacto destrutivo da obsessão com a participação de mercado e pedir que os gerentes se comprometam com o lucro de forma renovada e rigorosa. Apelamos pelo renascimento do lucro, liderado por empresas que atuam em mercados altamente questionados e aprenderam a redirecionar todos os esforços de *marketing* – precificação, produto, posicionamento e promoção – para ganhar dinheiro, em vez de vender volumes maiores.

Durante décadas, os gerentes ouviram incessantemente colegas, superiores, professores e especialistas dizerem que a salvação estava na busca e na preservação de uma alta participação de mercado. Conseqüentemente, eles construíram suas organizações, da estratégia ao setor de vendas, passando pelo *marketing* e pela manufatura, para atingir esta meta. As sessões de treinamento, os sistemas de incentivos e as histórias de competição em diversos setores ajudaram a fortalecer essa resolução.

Recompensados pelos superiores e pelos conselhos de administração por avançar na participação de mercado, os gerentes raramente questionavam se poderiam servir melhor suas empresas e suas próprias ambições em termos de carreira fazendo o impensável: abandonando a participação de mercado como princípio norteador do crescimento da empresa. O que há de errado com a participação de mercado como princípio norteador para a estratégia? É difícil saber por onde começar. A definição é arbitrária e, em geral, enganosa. Quando as empresas a transformam na peça central de suas estratégias de "crescimento lucrativo", ela dá lugar a culturas e comportamentos que destroem o lucro em vez de estimulá-lo.

Nosso apelo soaria vazio caso não pudéssemos sustentar nossas afirmações e oferecer um programa de mudanças. Argumentamos que as empresas presentes em mercados maduros – e não apenas no setor automotivo – que permitem que a participação de mercado ou o volume de vendas orientem suas ações logo perderão seu potencial de ganhos. Na verdade, os lucros que esses gerentes sacrificam chegam de 1% a 3% da receita anual da empresa. Simplificando, isso significa que o gerente de uma empresa de US$ 5 bilhões deixa entre US$ 50 milhões e US$ 150 milhões nos bolsos dos clientes e da concorrência todos os anos, uma vez que ele se apega ao dogma ultrapassado da participação de mercado. Esse índice não é nem uma coincidência nem uma estimativa teórica retirada de algum quadro-negro ou expelida por um supercomputador. Ele advém de reviravoltas reais orientadas ao lucro promovidas por centenas de empresas e que formam a base da maioria das histórias e exemplos deste livro.

Para algumas empresas, o programa de mudanças, mais do que lucros extras; significava sobrevivência. A adoção do programa impedia que essas empresas dessem passos estratégicos equivocados cujas conseqüências – em geral, imprevistas e em massa – teriam provavelmente iniciado ou acelerado sua deterioração.

Munidos de evidências retiradas da nossa ampla experiência administrativa, sentimos que podemos satisfazer dois objetivos com esta obra. Em primeiro lugar, queremos convencê-lo a tornar o lucro sua meta principal e reforçar esse compromisso. Depois queremos que você aproxime sua empresa do desempenho lucrativo máximo adotando o programa prático e comprovado que forma a base deste livro. Isso exigirá coragem e paciência, mas as recompensas certamente justificam o esforço.

O programa não foi idealizado para executivos em busca de emoções e determinados a mudar o mundo, virando o setor em que atuam de cabeça para baixo. O programa destina-se aos gerentes e executivos que atuam em mercados maduros e que gostariam de substituir a adrenalina pela análise, e o dogma pelos detalhes e pelas evidências, a fim de melhorar o lucro de suas empresas. Este programa não lhe dará um apelido emblemático como Alessandro Moto-Serra ou João Neutrôn. Mas dará muito mais dinheiro para sua empresa.

Dedicamos os primeiros dois terços deste capítulo introdutório à doença do lucro e do *marketing* que vem dominando os gerentes em mercados maduros. A parte final do capítulo fornecerá uma visão inicial de como os gerentes podem superar essa doença, passo a passo, seguindo nosso programa.

Reconheça os sintomas da doença do lucro

Pergunte a uma pessoa na rua qual é o lucro que ela imagina que uma empresa normal tem em US$ 100 de venda e a maior parte das respostas ficará entre 25 e 50%.[3] Nada poderia estar mais distante da verdade. As margens reais de lucro das empresas, na maioria dos países industriais desenvolvidos, ficam perigosamente próximas a zero.[4] A Figura 1.1 mostra as margens de lucro líquido de empresas de manufatura internacionalmente ativas em 19 países.

Fenômenos bem-conhecidos como concorrência global, capacidade ociosa e demanda em queda ajudam a explicar esses resultados deprimentes. Tais fatores vão

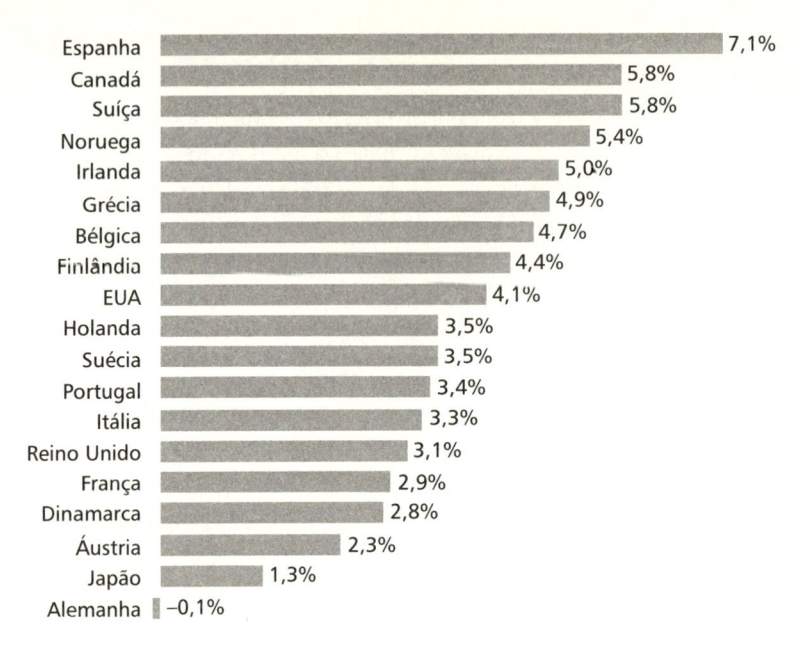

País	Margem
Espanha	7,1%
Canadá	5,8%
Suíça	5,8%
Noruega	5,4%
Irlanda	5,0%
Grécia	4,9%
Bélgica	4,7%
Finlândia	4,4%
EUA	4,1%
Holanda	3,5%
Suécia	3,5%
Portugal	3,4%
Itália	3,3%
Reino Unido	3,1%
França	2,9%
Dinamarca	2,8%
Áustria	2,3%
Japão	1,3%
Alemanha	–0,1%

Fonte: German Economic Institute (IdW)

FIGURA 1.1 As margens líquidas ultrapassam 5% apenas em economias industrializadas menores.

perdurar, senão se intensificar, nos próximos anos. Sozinha, uma empresa teria dificuldade de influenciar essas tendências externas. Portanto, a maioria das empresas em economias altamente desenvolvidas continuará tendo um sério problema para gerar lucros razoáveis, a não ser que tomem medidas em suas próprias organizações.

E quais são as opções razoáveis que elas têm? Os gerentes tomam três iniciativas, em geral de forma paralela: cortam custos, investem em inovações e mudam o *marketing*.

O corte de custo é a mais óbvia e mais praticada das três opções, pois tem benefícios imediatos. Você encontrará muitos e muitos livros que o auxiliam a fazer isso de forma adequada, portanto, não vamos explorar em detalhes este tópico. No entanto, levantaremos uma questão muito importante para muitos gerentes: o que acontece quando o corte de custos atinge seus limites como fonte de crescimento nos lucros? Em outras palavras, como uma empresa deve responder quando ela e os concorrentes atingiram níveis semelhantes de produtividade e desfrutam de estruturas de custos *grosso modo* semelhantes? O vice-presidente de *marketing* de uma empresa de manufatura contextualiza este problema: "Nossos produtos têm poucas vantagens. Você provavelmente poderia chamá-los de *commodities*", explicou. "A concorrência está nos derrotando, os clientes nos colocaram sob enorme pressão, e fizemos o possível em termos de custo. O que posso fazer em relação a isso? Que opções tenho para obter lucros maiores?"

A inovação, como o corte de custos, é uma tarefa essencial e contínua para qualquer empresa. Ninguém discute o fato de que os gerentes encaram o desafio constante de inovar para manter ou acelerar o crescimento das receitas e dos lucros da empresa, e assim escapam das pressões de custo e preços do mundo real. Há apenas um grande problema com essa abordagem: os caminhos da inovação raramente oferecem entrega *just-in-time*. O sonho da grande reviravolta – e do status de quase monopólio e os retornos iniciais que o acompanha – continua sendo apenas isso, um sonho. Os modelos criativos, tão raros quanto as inovações em produtos e serviços, precisam de anos para dominar e não oferecem garantia de sucesso.

O gerente de vendas de uma fabricante global multibilionária resumiu a questão afirmando que "tudo que eu escuto sobre 'ser inovador' é bom. Mas os produtos que estou vendendo têm, no mínimo, dez anos de idade, e ninguém vai me entregar uma inovação amanhã de manhã. O que devo fazer enquanto isso?"

No que tange ao corte de custos, as prateleiras oferecem uma profusão de orientações sobre como gerenciar a inovação. Este livro não serve como substituto para este tipo de orientação estratégica, mas atende aos interesses dos gerentes em mercados maduros, que não podem se dar ao luxo de esperar para ter um produto mítico revolucionário. Esses gerentes têm plena consciência de que as cinco condições seguintes aplicam-se a eles e aos concorrentes:

- Todos os ganhos importantes com o corte de custos foram alcançados.

- Boa parte da receita e do lucro continuará vindo de produtos estabelecidos com um crescimento de mercado relativamente fraco.

- A margem exclusiva da maioria dos produtos erodiu.

- A concorrência está acirrada.

- Os clientes podem trocar de fornecedor facilmente.

Essas condições dão origem a duas contradições fundamentais. Em primeiro lugar, poderia se esperar que, depois que a empresa conquistou uma posição lucrativa de mercado, ela poderia continuar elevando os lucros ao expandir essa posição de mercado – ou seja, ao aumentar sua participação de mercado. É isso que o estudo Impacto do Lucro na Estratégia de Marketing (PIMS – Profit Impact of Marketing Strategy) e o conceito de curva de experiência nos ensinam. Ainda assim, as idéias e os exemplos deste livro mostrarão que essa expectativa é, na melhor das hipóteses, perigosa e, na pior, completamente errada, quando uma empresa compete em um mercado maduro.

Em segundo lugar, também se poderia esperar que o desempenho financeiro da concorrência permanecesse extremamente semelhante e consistente, pois todos produzem os mesmos produtos, com as mesmas estruturas de custo, e competem pelos mesmos clientes. Nossos exemplos mostram que isso não é verdade nos mercados maduros. Carecendo da capacidade de obter uma vantagem de custo sustentável ou de criar uma inovação, os gerentes não têm outra escolha a não ser conseguir vantagem melhorando a qualidade de suas receitas. Os gerentes competentes fazem um uso mais sofisticado do *mix* de *marketing* para gerar receita com os clientes que têm o mais alto potencial de lucro, não apenas para gerar receita pela receita. Os casos deste livro demonstrarão dois pontos cruciais:

- Uma melhor qualidade das receitas e o crescimento, provenientes de um melhor uso das capacidades de *marketing*, é a única explicação para a distância entre o desempenho médio e superior dos lucros.
- Os gerentes competentes pararam de usar a participação de mercado como forma de estabelecer metas e medir o sucesso. O foco deles, ao invés, tem sido o lucro.

Dedicamos este livro, portanto, aos "enteados" esquecidos das empresas de todo o mundo, os produtos maduros que geram boa parte das vendas da empresa e "mantêm as luzes acesas". Sabemos com base na nossa prática de consultoria que eles produzem um alto potencial de lucros que os gerentes ignoravam ou lutavam para utilizar. A inovação e o corte de custos não vão liberar esse potencial. Você deve mudar duas coisas para aumentar os lucros entre 1% e 3% da sua receita anual. Você deve abandonar o raciocínio da participação de mercado em favor de uma visão mais orientada ao lucro, e deve mudar a forma de gerar receita seguindo o programa que será apresentado nos Capítulos 2 a 10.

Veja por que a participação de mercado domina o pensamento administrativo

De onde vem esse fascínio da administração com a participação de mercado? Há muitas origens para isso. Gostaríamos de explicar a origem do vínculo entre a participação de mercado e o lucro, como o entusiasmo inicial dessa relação transformou-se em fascínio administrativo e como uma interpretação demasiadamente simplista das constatações originais pode levar a decisões perigosas e destrutivas para os gerentes que competem em mercados altamente concorridos.

A origem mais conhecida do movimento voltado para a participação de mercado é o estudo PIMS, cuja descoberta mais importante mostramos na Figura 1.2.[5]

Independentemente da forma como se define a participação de mercado, seja por classificação, seja por percentagem, há uma forte e altamente significativa correlação entre a participação de mercado e a margem de lucros. O líder de mercado desfruta de uma margem de lucros, medida no estudo PIMS como retorno bruto sobre investimento, que é aproximadamente três vezes mais alta do que a margem que o quinto maior concorrente obtém. Um fornecedor que detiver uma participação de 40% do mercado conseguirá uma margem duas vezes mais alta do que o competidor que detém apenas 10% do mercado. A implicação estratégica não poderia parecer mais clara ou direta: obtenha participação de mercado! Vida longa às economias de escala!

Uma segunda fonte, um pouco mais antiga, por trás do movimento de participação de mercado é a curva de experiência. Este conceito afirma que a posição de custos de uma empresa depende de sua participação relativa de mercado. A participação relativa de mercado de uma empresa é igual à sua própria participação, dividida pela participação do concorrente líder.

Quanto mais alto for este número, mais baixos devem ser os custos unitários da empresa.[6] O líder de mercado tem automaticamente os custos mais baixos no mercado e, portanto, a margem mais alta de lucros. O efeito da curva de experiência

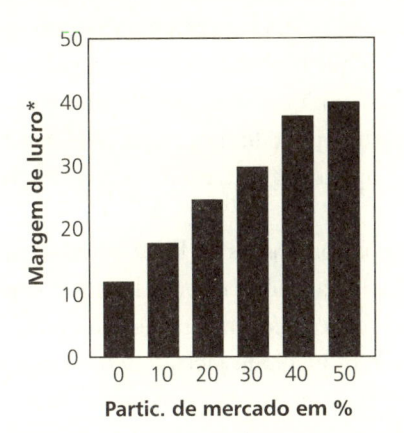

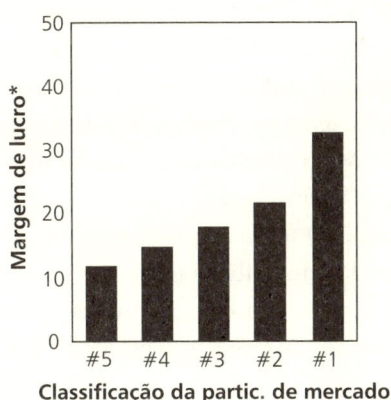

* Retorno bruto sobre investimento em %

Fonte: PIMS

FIGURA 1.2 O PIMS mostrou a correlação entre a participação de mercado e o lucro.

formou a base para a famosa matriz de portfólio dois por dois, ou matriz BCG com as dimensões "crescimento de mercado" e "participação relativa de mercado". Cada um dos quatro espaços resultantes da matriz exigia uma estratégia ideal diferente, com a administração da participação de mercado como peça-chave. Outra vez, a implicação estratégica é clara: uma empresa é melhor quando sua participação de mercado é a mais alta possível.

A curva de experiência e o estudo PIMS são os avós de todas as filosofias concernentes à participação de mercado. O ex-presidente e CEO da General Electric Jack Welch tornou-se o defensor mais famoso dessas filosofias, no início da década de 1980, quando insistiu que a empresa sairia de qualquer negócio em que não detivesse a posição número um ou número dois.

O que é mais interessante é que alguns estudos posteriores questionaram a estrita relação entre participação de mercado e margem de lucro. Eles apresentaram uma relação muito mais fraca entre a participação e a margem do que fizeram os autores do PIMS.[7] A desconstrução das descobertas originais continua até hoje. Uma antologia editada e publicada em 2003 por Paul W. Farris e Michael J. Moore fornece as perspectivas mais recentes.[8] A pergunta mais importante é se a relação entre a participação de mercado e o lucro representa uma relação causal verdadeira, ou uma mera correlação. A última hipótese vem ganhando mais apoio. Os pesquisadores que aplicaram métodos analíticos modernos para filtrar os efeitos dos chamados fatores não-observados concluíram que, "uma vez que o impacto desses fatores não-observados é econometricamente removido, o efeito restante da participação de mercado sobre a lucratividade é bem pequeno".[9] Os autores concluem que, "embora a alta participação de mercado, por si só, não aumente a lucratividade, ela permite que empresas de alta participação realizem certas ações lucrativas que não podem ser executadas pelas empresas de baixa participação".[10] Essa conclusão não refuta o PIMS ou a curva de experiência de imediato, nem fornece justificativas para dizer que Jack Welch estava errado. Mas certamente coloca em questão a aplicação universal e a relevância da filosofia "a participação de mercado é tudo".

Embora estes autores refutem diretamente as conclusões do PIMS, outros conseguiram dar uma olhada mais ampla na influência das metas orientadas aos competidores, como a participação ou a posição de mercado. As constatações proeminentes mais antigas antecedem o estudo PIMS e a estabilidade de Jack Welch na General Eletric. Em 1958, Robert F. Lanzillotti demonstrou uma correlação negativa entre o comprometimento com os objetivos orientados à concorrência (como a participação de mercado) e o retorno sobre investimento da empresa.[11] Um artigo recente, escrito por J. Scott Armstrong e Kesten C. Green, resume algumas evidências extras e conclui que "...os objetivos orientados à concorrência são nocivos. No entanto, essas evidências só tiveram um modesto impacto sobre a pesquisa acadêmica, parecendo ser amplamente ignorado pelos gerentes".[12] Tais artigos são apenas dois de muitos estudos que tentaram medir os efeitos da participação de mercado ou das metas da posição de mercado, da curva de experiência e da gestão de portfólio orientada pela chamada Matriz BCG. Consideradas juntas, a amplitude e a abundância das evidências levaram a uma clara conclusão: o comprometimento organizacional inabalável com as metas orientadas à concorrência, as ferramentas que lhe servem de base e os comportamentos que elas incentivam prejudicarão a capacidade da empresa de obter lucros em um mercado (maduro) altamente disputado.

Por que a administração de uma empresa e seus investidores, não obstante, continuam a comprar esta filosofia da "participação de mercado é tudo"? A resposta é simples: a participação de mercado, o volume e o crescimento da receita são os melhores indicadores do sucesso verdadeiramente sustentável através da inovação. Quando uma empresa conquista um mercado como a Starbucks fez no café, os observadores intuitivamente partem do pressuposto de que o crescimento contínuo da participação de mercado é bom. Ele sugere superioridade, que, por sua vez, sugere lucros sustentáveis. A Starbucks merece o crescimento que desfrutou e o retorno que obteve. Quando uma empresa tem um produto inovador ou outras vantagens competitivas claras, a abordagem orientada à participação de mercado é ótima.

Mas a situação competitiva da Starbucks já começou a mudar. Dunkin' Donuts, Krispy Kreme, McDonald's e até o posto de gasolina da esquina começaram a instalar máquinas de café expresso e oferecer sua própria variedade de bebidas. À medida que esse mercado continua a amadurecer, por mais quanto tempo a Starbucks terá o crescimento da participação de mercado quando não tiver mais sua superioridade sustentável?

A declaração de missão da empresa coloca o item "reconhecer que a lucratividade é essencial para nosso sucesso futuro" como um dos seis princípios norteadores.[13] Mas o noticiário difundido publicamente pela empresa deixa bem claro a estratégia atual, pelo menos para as lojas de varejo: "A estratégia da Starbucks para expandir seus negócios no setor varejista é aumentar a participação de mercado nos mercados atuais, principalmente mediante a abertura de mais lojas, e abrir lojas em novos mercados, nos quais existam oportunidades de a empresa se tornar a varejista líder no setor especializado de cafés".[14]

Em algum ponto, as mesmas cinco condições dos mercados maduros, listadas anteriormente, se aplicarão à Starbucks e à concorrência. Quando chegar o dia, a empresa vai precisar abandonar sua âncora na participação de mercado e se reorientar para o lucro a fim de preservar sua posição diferenciada. Vamos revisitar essa questão no Capítulo 2, quando introduzirmos o conceito de mapas de competição, usando a Starbucks e os concorrentes como exemplo.

Em mercados altamente disputados, os gerentes vêem um cenário muito diferente daquele que a Starbucks teve até agora. O volume geral é, *grosso modo*, constante. Os esforços de *marketing* por parte dos concorrentes geralmente têm pouco ou nenhum impacto na promoção de demanda geral. Os cortes de preço – dentro de limites realistas – fazem as vendas ir de um competidor para outro, mas, da mesma forma, têm pouco efeito sobre a demanda geral. A participação de mercado, no entanto, pode passar por mudanças significativas, dependendo do grau de agressividade que os vários concorrentes demonstram.

A fórmula mostrada na Figura 1.3 oferece idéias adicionais sobre como os gerentes vêem a participação de mercado.

Caso o tamanho do mercado seja de US$ 1 bilhão, uma empresa com 10% de participação de mercado e 10% de margem terá uma receita de US$ 100 milhões e um lucro de US$ 10 milhões. A expansão do tamanho do mercado é difícil nos mercados maduros. Uma empresa individual pode fazer pouca coisa neste sentido. Já a expansão das margens oferece mais futuro. A margem é a diferença entre o preço unitário e o custo unitário.

Os cortes de custo fariam uma contribuição direta e completa para margens maiores, mas, como dissemos antes, a maioria das empresas em mercados maduros já fez todos ou boa parte dos cortes de custos razoáveis. Isso faz com que a política de preços seja um propulsor altamente eficaz e geralmente negligenciado dos lucros, assunto sobre o qual falaremos ao longo deste livro.

Qualquer aumento na participação de mercado teria um efeito linear (e, portanto, forte) sobre os lucros. Se a empresa que acabamos de descrever dobrasse sua participação de mercado de 10% para 20%, ela dobraria o lucro. Uma empresa individual talvez não consiga influenciar o volume total de mercado, mas ela pode certamente influenciar sua própria participação de mercado através de várias iniciativas. Aqui também podem estar incluídos propaganda adicional, expansão da força de vendas, promoções e preços. Essa representação pode ser por vezes simplificada demais, mas a

$$\text{Lucro} = \text{Margem} \times \text{Participação de mercado} \times \text{Tamanho do mercado}$$

Fonte: Simon-Kucher & Partners

FIGURA 1.3 Idéias adicionais sobre como os gerentes vêem a participação de mercado.

participação de mercado tenta os gerentes como uma caixa de Pandora para resolver os problemas com os lucros que eles têm, pois eles se focam na receita pela receita, em vez de usar essas mesmas iniciativas para aumentar os lucros.

Em geral, soma-se a esta tentação a aplicação de forma crua das lições do PIMS e da curva de experiência. Se você realmente acredita que uma maior participação de mercado leva a margens maiores, terá descoberto o remédio milagroso para qualquer empresa que encara um problema nesse setor. Digamos que uma empresa aumente a participação no mercado de 10 para 20%, resultando em um aumento das margens de 10 para 20%. No nosso exemplo, o lucro aumentaria de forma geométrica, e não linear, para US$ 40 milhões, o que seria um feito histórico e fabuloso. Nossos casos vão demonstrar que isso também é bastante irrealista. Em mercados maduros, nos quais a lógica PIMS começa a desmoronar, os ganhos incrementais na participação de mercado geralmente têm um efeito desproporcionalmente negativo sobre os lucros. A ironia é que, quanto mais uma empresa busca e defende esta abordagem, mais ela destrói seu próprio potencial de lucratividade.[15]

Promova um claro rompimento com a cultura da participação de mercado

O título desta seção é algo mais fácil de dizer do que de fazer. Embora os pesquisadores acadêmicos trabalhem para testar mais as hipóteses PIMS, as escolas de administração iniciaram centenas de estudantes de mestrado na crença da participação de mercado. Os que receberam o título de mestre nas décadas de 1970 e 1980 – e que se deliciaram com a filosofia em sua forma mais fresca e concentrada – agora detêm cargos de nível executivo. O momento culminante da expansão do fascínio pela participação de mercado veio com a onda da Internet. Nos anos de grande expansão da Internet e do *e-business*, a única métrica que importava eram o crescimento das vendas, a posição e a participação de mercado e o número absoluto de clientes. Ousasse você sussurrar a palavra lucro e os gerentes o teriam estigmatizado como "velha economia".

A bolha da Internet estourou, mas acredito que não tenha lavado a memória dos gerentes. Muitas expectativas errôneas – como mais participação de mercado, mais clientes e mais crescimento de receita – não apenas continuaram valendo, como saíram fortalecidas. Qualquer pessoa que perde participação de mercado – ou mesmo pensa em fazer alguma coisa que a coloque em risco – está pedindo para ter sérios problemas na maioria das empresas. Você pode esperar uma resposta ríspida, até maliciosa, da imprensa, dos analistas, dos acionistas, de seus colegas e mesmo de autoridades locais, caso faça esta sugestão.

Testemunhamos este problema em primeira mão em um grande fabricante de automóveis que vamos chamar de United Motors Corporation (UMC), para resumir.[16] O chefe do setor de vendas da empresa observou, com resignação, que "quando somos honestos com nós mesmos, fica claro que só prometemos da boca para fora no que tange às metas e objetivos de lucro. Se o nosso lucro cair 20%, nada acontece. Se nossa participação de mercado cair nem que seja uma fração de um ponto percentual, cabeças rolam. E todo mundo sabe disso".

A mesma influência oculta apareceu em uma apresentação que fizemos na sede de uma empresa asiática de componentes eletrônicos, cuja margem bruta de lucros chegou a menos de 5% em anos recentes.[17] A empresa não poderia ter culpado o desempenho da concorrência global e as pressões de preço, pois o principal concorrente, a Samsung Electronics, conseguiu uma margem bruta de mais de 15%. No curso da discussão, ficou claro que essa empresa poderia melhorar suas margens rapidamente subindo os preços e voltando atrás em seus descontos generosos e nos programas de desconto dos varejistas.

"Mas isso significava que perderíamos participação de mercado", afirmou um gerente. A sala ficou em silêncio. Tínhamos tocado em um tabu. Uma perda intencional de participação de mercado seria inimaginável para as empresas asiáticas, mesmo que a empresa obtivesse lucros maiores.

Sabemos, com base em nossa experiência, que ninguém gosta de perder participação de mercado. Perigamos fazer inimigos no início de um projeto de consultoria quando levantamos a possibilidade, mesmo implicitamente. Na verdade, um cliente nos contou, já na primeira reunião, que "se as suas recomendações indicam que vamos acabar perdendo participação de mercado, pode ir comprando uma passagem de volta".

A participação de mercado permanece sendo um indicador disseminado e influente de desempenho, tanto interna quanto externamente. Realizar de forma bemsucedida a troca mental do foco na participação de mercado para o foco nos lucros envolve superar não apenas a resistência filosófica, mas também a resistência cultural. As empresas que buscam sem descanso o crescimento ou a preservação da participação de mercado inevitavelmente têm uma de duas culturas corporativas enraizadas: agressão ou reação.

A cultura de manutenção permanente de agressividade no mercado é mais comum. Metas por demais ambiciosas em termos de participação de mercado – em geral combinadas com o desprezo pela orientação para o lucro – induzem ações agressivas que, por sua vez, provocam reações igualmente ou até mais agressivas por parte dos concorrentes. As montadoras norte-americanas embarcaram neste caminho no verão de 2005, quando a Ford e a DaimlerChrysler se sentiram compelidas a criar um programa semelhante ao programa de "descontos para funcionários" da General Motors, com programas próprios ainda mais atraentes e de nomes semelhantes.

Uma cultura de agressão em mercados maduros desencadeia guerras de preços e destruição dos lucros em grande escala. Felizmente, um número cada vez maior de livros de administração condena esse tipo de agressividade. Notável mesmo é a famosa e amplamente disseminada *Estratégia do Oceano Azul*.[18] Embora esse livro – em contraste com o nosso – se foque principalmente em novos produtos e novos modelos de negócios, ele contém uma mensagem semelhante: essa competição pacífica é uma forma razoável e racional de comportamento.

As empresas abertamente agressivas realizam ações destrutivas para obter participação dos competidores, enquanto estes realizam ações destrutivas para preservar as posições de participação de mercado. Tais empresas treinam suas equipes de vendas e de *marketing* para fazer concessões (melhor valor, preços mais baixos) sempre que o cliente fizer a ameaça de levar o negócio para outro lugar. A compulsão de conquistar uma participação de mercado ou atingir uma meta de volume as leva a se render a clientes exigentes, que geralmente determinam o curso das negociações e ditam as regras eles próprios. Uma cultura de reação aparece quando uma empresa faz o que for preciso para manter os negócios. O pecado mortal nesta cultura é perder um cliente e, com isso, a participação de mercado. Neste caso, as empresas essencialmente cedem o controle estratégico do negócio para os clientes, que ganham os preços, os termos e as condições que desejam. Mesmo quando os gerentes sabem que os clientes podem estar tirando vantagem deles desta maneira, eles se sentem relutantes ou até mesmo impotentes para mudar a situação.

Uma cultura de reação é mais comum em setores com uma clientela vasta e concentrada, tais como as relações entre as montadoras e seus fornecedores ou entre varejistas (Wal-Mart, Target) e seus fornecedores. Mas também observamos essas culturas nos setores de prestação de serviços, como telecomunicações, bancos ou softwares, onde as partes negociam boa parte dos preços de transação e as equipes de vendas gostam das liberdades da negociação liberal. Os clientes podem essencialmente ditar suas próprias condições porque o fornecedor teme entrar em conflito com eles ou perder o negócio no final.

O que escapa a essas empresas é que sua reação pode ter os mesmos efeitos mordazes sobre o lucro como uma guerra declarada contra a concorrência, mas sem as metáforas militares coloridas e a excitação pública. Todas as vezes que a equipe administrativa ou de vendas de uma empresa se rende às pressões de preço, ela cria três efeitos indesejados que a assombrarão nas negociações seguintes. Em primeiro lugar, ela permite que o cliente exija e receba um melhor valor a preços inferiores, redefinindo os padrões predominantes de valor e preço. Eles se tornam a base para a próxima negociação, na qual qualquer cliente experiente com quase toda a certeza vai querer ampliar ainda mais o abismo entre valor e preço. Em segundo lugar, a empresa obtém a reputação de "boazinha". Em terceiro, o dano que a empresa fez nas relações preço/valor em seu mercado permite que os clientes acrescentem credibilidade às suas ameaças frente a outros fornecedores. O ciclo se perpetua.

Não se deve subestimar a função que a atitude da alta administração desempenha ao reforçar essas culturas. Pense novamente no exemplo do alfinete de lapela "29", apresentado no início deste capítulo. No artigo "Liderança principal: o impulsionador oculto do desempenho perfeito", os autores Daniel Goleman, Richard Boyatzis e Annie McKee salientam como o comportamento dos gerentes causa um impacto direto em toda a organização.[19] As pessoas vão ler e interpretar os sinais não-verbais da alta administração, independentemente do que esses gerentes lhes dizem explicitamente sobre suas metas. Os problemas começam quando essas metas – explícitas e implícitas – não batem.

A próxima seção deste capítulo introdutório descreve o programa de mudanças que ajudamos as empresas a personalizar e implementar. Nosso corpo de provas origina-se principalmente de nossa experiência em ajudar mais de 500 empresas de todo o mundo a aumentar seus lucros sob as condições restritas e geralmente decepcionantes que um mercado maduro parece lhes impor. Essa experiência nos mostra o quanto mais de lucro as empresas podem obter caso abandonem suas abordagens agressivas ou reativas em favor de uma cultura orientada ao lucro. Ela também revela quais os recursos que os gerentes necessitam para acompanhar o programa proposto neste livro e por que podem esperar um retorno rápido, uma vez que se mantenham fiéis a ele. A maioria de nossos projetos é altamente confidencial. A empresa que tenta obter mais dinheiro em suas negociações como fornecedor para o Wal-Mart ou para a General Motors não quer que essas atividades se tornem de conhecimento público. Para respeitar o sigilo do cliente, mascaramos os fatos e, em geral, o setor referido em cada exemplo, pois eles se originam de uma perspectiva interna e não de informações publicamente disponíveis.

Aprenda a focar seus esforços de *marketing* no lucro

O método e as técnicas descritos neste livro tratam do lado da receita do seu negócio. Não somos cortadores de custos. Fiéis à máxima "mantenha-se fiel às suas convicções", sabíamos que não faria sentido para nós escrever um livro sobre corte de custos, racionalização ou aprimoramentos de eficiência. A principal questão tratada neste livro é: como o gerente em um mercado maduro altera seu *mix* de *marketing* para obter receitas de melhor qualidade e um aumento considerável nos lucros?

O corte de custos e os esforços de gestão da produtividade certamente foram bem-sucedidos *per se* nos últimos 20 anos, e, ainda assim, a doença do lucro perdura, como mostrou a Figura 1.1. Agora as empresas devem aplicar a mesma energia, inteligência e comprometimento no lado de seus negócios que o cliente percebe. Como dissemos antes, os gerentes mal começaram a identificar e aproveitar essa grande oportunidade de lucro.

A Figura 1.4 mostra o tipo de margem ampliada e lucro absoluto que as empresas obtiveram identificando e dimensionando ativamente as oportunidades de lucro ao usar o programa integrado que revelamos neste livro. Os aprimoramentos de margem e lucro representam a diferença (em pontos percentuais e em dólares absolutos) entre o desempenho da lucratividade "como sempre" e esse desempenho no pico.

Encontrar e aproveitar oportunidades de lucro exige um programa integrado que tenha sucesso na resolução direta e efetiva do problema, e não algo que fique titubeando. O trabalho que as empresas em nossos exemplos realizaram não é nenhuma ciência complicada, mas é um trabalho árduo. Infelizmente, não há uma abordagem mágica do tipo "resolva isso e deu, está pronto" para obter este lucro extra. Este livro lhe fornecerá a orientação e as ferramentas, mas você ainda deve se comprometer e se esforçar para encontrar e recuperar todo esse dinheiro, nota por nota. Felizmente, a magnitude das mudanças que você deve promover é menos radical do que você poderia imaginar.

Setor	Receita da empresa (US$)	Aumento nos lucros (como percentagem da receita)
Fornecedor industrial	5 – 10 bilhões	1,2
Construção	< 1 bilhão	1,1
Engenharia	5 – 10 bilhões	1,0
Atacado	1 – 5 bilhões	2,0
Serviços bancários	1 – 5 bilhões	1,6
Turismo	5 – 10 bilhões	1,6
Entrega expressa	5 – 10 bilhões	1,5
Software	100 – 500 milhões	3,0

Fonte: Projetos de consultoria realizados por Simon-Kucher & Partners

FIGURA 1.4 O crescimento do lucro é real, não teórico.

Nosso programa comprovado tem quatro fases, como mostra a Figura 1.5. A primeira fase – analisada nos Capítulos 2 e 3 – está focada na mudança do seu raciocínio, mostrando alternativas para as culturas destrutivas de agressão e de reação. Esses dois capítulos ajudarão a entender e resolver seus conflitos de objetivo, dar ênfase nos lucros e acrescentar disciplina e rigor aos esforços de *marketing* e vendas.

O objetivo do Capítulo 2 é mostrar como você pode ampliar a expectativa de vida e a lucratividade dos produtos maduros. Isso exige que você faça quatro coisas:

- Lute pela diferenciação.

- Escolha as lutas de forma inteligente.

- Ceda a participação de mercado que você não pode manter de forma lucrativa.

- Resista à tentação de baixar os preços quando os agressores ameaçarem seu negócio.

Os caçadores de emoções no seu mercado – e, olha só, você até pode ser um deles! – não fazem nada disso. Eles respondem a qualquer ataque contra-atacando, um corte de preços com um corte de preços e proliferação de produtos com proliferação

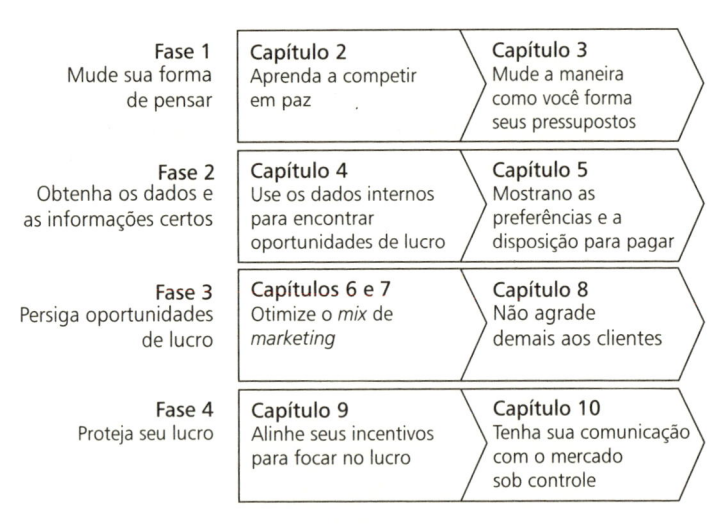

Fase 1 Mude sua forma de pensar	Capítulo 2 Aprenda a competir em paz	Capítulo 3 Mude a maneira como você forma seus pressupostos	
Fase 2 Obtenha os dados e as informações certos	Capítulo 4 Use os dados internos para encontrar oportunidades de lucro	Capítulo 5 Mostrano as preferências e a disposição para pagar	
Fase 3 Persiga oportunidades de lucro	Capítulos 6 e 7 Otimize o *mix* de *marketing*	Capítulo 8 Não agrade demais aos clientes	
Fase 4 Proteja seu lucro	Capítulo 9 Alinhe seus incentivos para focar no lucro	Capítulo 10 Tenha sua comunicação com o mercado sob controle	

Fonte: Simon-Kucher & Partners

FIGURA 1.5 Nosso programa de quatro fases para encontrar e obter maior lucro no seu mercado.

de produtos, em geral sem nem mesmo considerar uma alternativa ou pesando as conseqüências a longo prazo.

Não desejando mais diferenciar os produtos ou substituí-los rapidamente por novos, os gerentes agressivos têm o preço como único fator de diferenciação. Conseqüentemente, os vendedores gastam mais tempo obtendo permissão da administração para oferecer preços menores do que construindo relações com os clientes a preços maiores. Subjacente a essas situações está uma grave doença de *marketing* em toda a empresa. Os agressores reduzem os elementos do *mix* de *marketing* a instrumentos brutos e mal acabados com os quais podem golpear a concorrência ou se humilhar frente aos clientes.

Segue daí que você deve encontrar as pessoas de mente aberta na sua organização e converter o maior número possível de colegas agressivos para correr atrás do lucro. A maioria das empresas com as quais trabalhamos se deram bem nas duas tarefas.

O Capítulo 3 lhe mostrará como romper com as peças específicas da sabedoria convencional que o levaram a fazer vistas grossas quanto às fontes de lucro adicional. O capítulo explica os perigos inerentes à utilização de pressupostos incorretos, provas decorrentes de formatos informais e outros atalhos corporativos para orientar sua tomada de decisões. Depois ele usa o vínculo entre o preço e o lucro para demonstrar as vantagens da análise orientada por dados. Sabendo que matemática utilizar, então "utilizar a matemática" de forma consistente marca um grande passo à frente. Essa etapa é especialmente relevante para as empresas com uma cultura de reação. Aprender a basear suas decisões em análises completas o ajudará a retirar as emoções da tomada de decisão e resistir às demandas do cliente.

A segunda fase do programa (Capítulos 4 e 5) define e descreve os dados e as informações de que você vai precisar para tomar decisões objetivas de *marketing*. Provavelmente você concordará que os Capítulos 2 e 3 estimulam o desejo de tomar decisões de *marketing* baseadas em fatos e evidências, e não em pressupostos incorretos. Mas você só vai conseguir realizar isso se puder produzir, na verdade, os fatos e as evidências certas e disponibilizá-las imediatamente na sua organização. Sem essa transparência, você não pode identificar a extensão de suas oportunidades extras de lucro. A maioria das empresas encara como um grande desafio conseguir a transparência certa nos dados de *marketing*. Os dados e as informações de vendas e de *marketing* raramente situam-se em um nível comparável de detalhamento ao dos custos, o que possibilita um CFO ou um diretor de finanças acessar prontamente as informações relevantes.

O Capítulo 4 mostra como organizar seus dados internos e depois extrair novas idéias desses dados. Essas idéias ajudarão a identificar como diferenciar suas ofertas de produto e serviço, como você pode reparar e reforçar as relações de preço/valor fazendo a matemática e como pode determinar o quanto mais sua empresa deve ganhar. O Capítulo 5 tem um objetivo semelhante, mas foca a pesquisa de mercado externo e não os dados internos, mostrando como você pode ter uma melhor compreensão das preferências dos clientes para retirar mais dinheiro do bolso deles e colocar no seu.

Depois das primeiras duas fases, você possuirá o raciocínio, os dados e as informações certas. Você deverá saber onde estão suas oportunidades inexploradas de lucro e quanto pode esperar encontrar. Agora chegou a hora de começar a ganhar dinheiro. A terceira fase (Capítulos 6 a 8) mostrará como aplicar o que você aprendeu para restaurar a sutileza e a sofisticação do seu *mix* de *marketing*.

O Capítulo 6 trata do local, do produto e da promoção. Oferece formas alternativas de segmentar os clientes de acordo com as preferências deles e desenvolver produtos e serviços certos para eles. Neste capítulo, você começa a ver claramente como pode capturar lucros extras dos mesmos produtos e serviços que você tem agora. A diferença é que você mudou a forma de combiná-los e de selecionar os alvos para eles. O Capítulo 6 também destaca a importância de determinar a hora certa das atividades promocionais, gerar os lucros mais altos e manter a maior participação desses lucros.

O Capítulo 7 tem um tema central: como aumentar os preços. Ele trabalha com base na premissa de que você identificou e quantificou seu potencial de lucros adicionais, e agora deve conseguir esse lucro. Em alguns casos bem específicos, preços reduzidos, maiores descontos ou outros aumentos nos incentivos aos clientes realmente contribuem para aumentar os lucros. Mas essas situações raramente aparecem em mercados altamente disputados. Quando dizemos "aumentar os preços", não queremos dizer que você deve simplesmente trocar alguns pontos percentuais em todos os preços, em todos os níveis. Os aumentos de preços podem assumir muitas formas, indo do aumento direto à redução dos descontos, passando por níveis inferiores de serviços, mudanças na estrutura de preços ou condições financeiras mais restritivas.

Para verificar bem todo o seu entusiasmo, o Capítulo 8 analisa mais de perto os riscos que você corre ao mudar o *mix* de *marketing*. Apesar do progresso que você fez com o programa até agora, sempre ficará com a tentação sedutora de voltar aos hábitos antigos e se tornar extremamente generoso com seus clientes. Esse espectro antigo da participação de mercado o incitará a ir atrás de alguns clientes extras sacrificando margens, incrementando programas trabalhosos de fidelidade ou "açucarando" as negociações com serviços que os clientes não estão a fim de pagar. O Capítulo 8 apresenta uma advertência para esses riscos.

A fase final (Capítulos 9 e 10) trata de dois problemas importantíssimos que ajudarão a fazer com que suas ações gerem um lucro sustentável, e não apenas um pico que logo acaba. Lembre-se de que nosso programa geralmente permite capturar lucros com as mesmas pessoas que você já tem, e não apenas os mesmos produtos. Fica claro que você colocará em risco suas chances caso sua equipe de vendas e *marketing* não apóie seus esforços e participe deles. Essencial para garantir a conformidade com esses esforços é o seu sistema de incentivo, o assunto do Capítulo 9. Com bastante freqüência, encontramos empresas que alegam buscar lucros maiores, mas ainda recompensam os vendedores por obter agressivamente um volume significativo de vendas. É fundamental alinhar os incentivos com as metas corporativas. Esses incentivos incluem compensação em dinheiro, que deve enfatizar o lucro e não a receita ou o volume. Mas eles também incluem incentivos mais suaves de status. Se você deseja uma organização com pessoas abertas e orientadas a evidências, recompense essas pessoas. Caso você queira uma organização de agressores, recompense os agressores. O problema é que muitas organizações tentam abandonar o comportamento agressivo, mas ainda o incentivam porque mantêm em vigor os sistemas de incentivos ultrapassados orientados a volume.

No Capítulo 10, oferecemos alguns conselhos para ajudá-lo a entender as conseqüências de suas ações no mercado e as etapas que você pode realizar para minimizar o risco dos resultados desfavoráveis. Mostraremos como controlar todas as facetas da sua comunicação de mercado. À medida que os lucros começam a crescer, o mercado o observará com interesse renovado. Suas ações devem servir para impedir a incerteza no mercado. O mesmo se aplica ao que você e seus colegas dizem publicamente. A comunicação inconsistente com o mercado pode ser um erro estratégico catastrófico. Em um clima de incerteza, você nunca pode prever de antemão como os clientes, investidores ou competidores podem responder, nem pode estimar o dano que essas respostas podem causar aos seus lucros. Não permita que eles acabem com seus esforços. Ações e comunicações claras – dentro de limites legais – ajudarão a diminuir esse risco.

Esta introdução aos capítulos do livro pode deixá-lo tentado a folhear o material e ler somente o que interessa, pois um ou dois capítulos podem ter mais importância do que os outros em algum problema urgente que você está enfrentando. Não diremos para você não fazer isso, mas gostaríamos de salientar que a extensão completa de suas oportunidades de lucro surgirá apenas se você seguir o programa inteiro, e não apenas o aspecto mais imediato e convincente para sua empresa. O programa é holístico, e não uma coleção aleatória de idéias e abordagens discretas.

Para ilustrar esse ponto, digamos que você pule para o Capítulo 7 agora, pois está planejamento aumentar os preços e gostaria de ter algumas idéias ou confirmações para sua decisão. Os casos e a discussão do Capítulo 7 fornecem idéias sobre como subir os preços com eficácia e dão a confiança e o respaldo para realizar as mudanças. Mas consideraríamos essa atitude isolada um pouco arriscada – até mesmo afobada, dependendo do seu mercado – a menos que você tivesse uma noção do panorama inteiro. Você precisa entender como seus competidores podem responder e quais contramedidas pode precisar (Capítulo 2), e se certificar de que deu uma olhada mais de perto no vínculo entre os instrumentos de *marketing*, a participação de mercado e o lucro (Capítulo 3). Você encontrou os dados que permitem apontar a magnitude precisa das mudanças necessárias e do lucro em jogo (Capítulos 4 e 5)? Você determinou como promover o aumento de preço de forma adequada e os produtos e serviços aos quais deve ser aplicado (Capítulo 6)? Eliminou as formas de questionar a decisão (Capítulo 8)? Você alinhou seus incentivos para garantir que sua equipe de vendas realize as ações desejadas, em vez de ignorá-las (Capítulo 9)? Determinou como vai falar e agir em público de uma forma clara e consistente (Capítulo 10)?

O Capítulo 11 resume nossas descobertas e recomendações e fornece alguns conselhos extras para implementação e liderança.

Resumo

A doença do lucro é uma endemia generalizada. Muitas empresas exauriram seu potencial de economia de custo e não têm inovações a caminho. Isso significa que elas devem voltar suas atenções para os produtos maduros para melhorar os lucros. Este livro, portanto, está focado em lucros maiores melhorando a qualidade da receita de produtos maduros, e não cortando custos ou investindo em inovação.

O que impede as empresas de atender a essa necessidade é a crença equivocada, embora amplamente disseminada, surgida na década de 1970 e pregada a centenas de gerentes em todo o mundo: o poder da participação de mercado como impulsionador de lucro. Uma mudança cultural está há muito atrasada. Neste livro, desafiamos esse credo da participação de mercado e oferecemos uma alternativa mais lucrativa.

O problema principal resolvido neste livro é: como um gerente que pertence a um mercado amplamente disputado obtém um aumento sustentável nos lucros sem cortar custos ou inovar? Nosso primeiro passo é deixar claro o dilema entre participação de mercado e lucro, explicando as condições sob as quais certas estratégias vão funcionar e outras não. Reconhecendo isso e ajustando as metas de acordo, os gerentes podem dar o primeiro passo para erradicar as culturas poderosas da agressão e da reação que surgiram na onda da obsessão pela participação de mercado.

Nossas recomendações surgem de três premissas, baseadas na nossa experiência de pesquisa e consultoria. Em primeiro lugar, você pode potencialmente extrair um grande lucro – equivalente a 1% a 3% da receita – buscando uma orientação ao lucro, e não uma orientação à participação de mercado. Em segundo lugar, é possível implementar o programa deste livro de forma rápida e acessível baseando-se nos seus recursos atualmente disponíveis e sem demitir pessoas ou iniciar esforços de inovação onerosos e a longo prazo. Por fim, este programa exige que sejam dados muitos passos pequenos e poderosos, e não um grande salto.

Gostaríamos de fazer uma observação final antes que você empreenda sua reorientação. Você vai achar a tarefa muito mais fácil se não procurar culpados. Saber por que ninguém percebeu essas oportunidades de lucro antes – ou se importou em persegui-las – seria um tópico para uma discussão interessante, mas inútil. Em geral, não há uma causa clara para explicar por que as oportunidades de lucro mantiveram-se ocultas e inexploradas por tanto tempo. Mantenha os olhos no significativo lucro adicional prometido, sem ficar perdendo tempo com o passado.

CAPÍTULO 2

Aprenda a Competir em Paz

*O maior erro que o homem pode cometer é
continuar na estrada que o levou ao sucesso.*
—Friedrich von Hayek[1]

DADA A PAIXÃO que a maioria dos gerentes traz para o trabalho, fica fácil esquecer que o negócio não é uma guerra. O negócio e a guerra diferem em dois aspectos importantes: em primeiro lugar, a guerra sempre acaba, mas a concorrência nunca; em segundo lugar, não há clientes em um campo de batalha militar. As missões militares têm pouco em comum com o que você faz na sua empresa diariamente. Você está tentando atrair e manter os clientes, e não capturar fugitivos ou neutralizar oponentes. Você não precisa de alguns capítulos de Sun Tzu ou de inteligência competitiva para fazê-lo agir todas as manhãs. O negócio não é uma operação secreta para proteger alguma coisa.

Se você acha que isso parece uma declaração de concorrência pacífica nos mercados, está certo. Na ausência de inovações revolucionárias, os concorrentes pacíficos lutam para estender a expectativa de vida e a lucratividade dos produtos estabelecidos. Eles diferenciam os produtos para se ajustar às preferências dos clientes e se concentrar em segmentos lucrativos, mesmo que isso signifique ceder participação de mercado para os concorrentes em áreas onde não são fortes o suficiente.

Identifique os agressores em seu mercado

Lembre-se do problema fundamental que mencionamos no primeiro capítulo: o confronto das forças filosóficas que objetivam a participação de mercado e o aumento nos lucros. As empresas agressivas e condescendentes com os seus clientes temem perder volume (e, com isso, participação de mercado) e por isso desenvolvem toda a estratégia de *marketing* em torno de sua preservação ou mesmo de seu crescimento. Os clientes aprendem a aproveitar a agressividade ou a vontade de uma empresa de ceder, pondo pressão para baixar os lucros. Os concorrentes pacíficos desenvolvem uma estratégia de mercado em torno da preservação ou do aumento nos lucros. Eles recusam a se verem contidos em uma competição neutra pela participação de mercado, o que estimula uma mentalidade ao estilo "matar ou morrer". Eles preferem ser diferentes a ser o "vencedor" final.

Quando esta abordagem é levada ao extremo, os gerentes agressivos ou reativos consideram, na verdade, que suas mentalidades são defensivas. Eles se vêem presos no círculo vicioso mostrado na Figura 2.1. Como o antigo boina verde John Rambo no primeiro filme daquela série de mesmo nome, eles defendem suas ações no mercado repetindo a frase "eles fizeram o sangue jorrar primeiro, não eu".

A adrenalina da concorrência faz com que seja difícil para alguns gerentes renunciar às estratégias de negócios baseadas no volume ou na participação de mercado. Os casos apresentados neste capítulo mostram como as empresas conseguiram renunciar a elas ou como evitaram completamente essa armadilha.

Em uma fábrica de válvulas, a maior parte dos funcionários seniores da empresa via suas linhas de produtos maduros como *commodities*. Vamos chamar esta empresa

Fonte: Simon-Kucher & Partners

FIGURA 2.1 Depois de um tempo, não importa quem agrediu primeiro. O dano já está feito.

de Freshwater. Uma rápida penetração no mercado dos EUA a transformara de líder regional em potência global. O grupo de gerenciamento que tinha construído essa presença agora detinha o controle total da empresa. Enquanto o grupo proclamava uma nova estratégia de "crescimento lucrativo", sua atitude de "volume a todo custo" espreitava logo abaixo da superfície.[2]

ESTUDO DE CASO

Problema: Como liberar a agressividade

Empresa: Freshwater Industries
Produto: Válvulas
Fonte: projeto da Simon-Kucher & Partners

O plano da Freshwater para os dois anos seguintes era simples: atacar. Ela sentia que seu concorrente mais aguerrido, também uma empresa de atuação global, em breve daria início a uma guerra de preços. Se a Freshwater se movesse antes, ela poderia colocar esse concorrente "muito agressivo, imprevisível" – vamos chamá-lo de Algonquin Manufacturing – na defensiva e roubar dele alguns pontos de participação de mercado. Como um primeiro passo para convencer os gerentes da Freshwater a reconsiderar essa estratégia, pedimos provas de que seu concorrente era realmente agressivo. Que evidências eles tinham?

Os gerentes da Freshwater basearam sua resposta firme somente em evidências anedóticas. A história começou com relatos psicológicos da gerência da Algonquin. Muitos dos executivos seniores da Algonquin tinham histórico de combate militar. Os clientes diziam à Freshwater que a força de vendas da Algonquin era teimosa e inquebrantável; seus representantes supostamente faziam qualquer coisa para ganhar uma conta. Por causa dessa evidência, a Freshwater interpretou um recente comunicado à imprensa da Algonquin como uma clara ação de guerra. A Algonquin tinha anunciado publicamente planos para colocar em operação duas grandes plantas de produção nos próximos três anos. Uma delas ajudaria a empresa a obter uma posição muito melhor em relação aos custos, quase equivalente aos custos da própria Freshwater.

Quando pedimos a vários dos gerentes da Freshwater para escolher um segmento de cliente e nos relatar toda a história de cada conta, o martelar dos tambores de guerra parou e a verdade emergiu. Cinco grandes clientes multinacionais compunham esse segmento. A Freshwater tinha uma posição bem-estabelecida com dois deles e obtinha lucros que descrevia como "aceitáveis a bastante altos". A Algonquin "possuía" um terceiro cliente. Algumas mudanças nos dois clientes restantes, entretanto, tinham despertado a vontade de agir por parte da gerência da Freshwater. A Freshwater tinha perdido uma conta e 10% do volume de outra para a Algonquin.

Quando exploramos detalhadamente como a Freshwater havia perdido esses negócios, os gerentes começaram a perceber que não podiam atribuir a culpa da perda de sua participação de mercado à suposta agressividade da Algonquin. O cliente que a Algonquin tinha conquistado de forma integral não apenas tinha o menor volume dos cinco do segmento, como também sofrera durante dois anos com a má qualidade dos serviços da Freshwater e com o não-cumprimento de prazos de entrega. O passo dado pela Algonquin para conseguir o cliente surgiu da oportunidade, não de qualquer combatividade inerente. Ela pôde oferecer melhores produtos e serviços e, portanto, "merecera" a participação de mercado.

No segundo caso, o próprio cliente tinha se aproximado da Freshwater com a notícia de que queria expandir e garantir sua base de fornecedores verificando ao menos um outro revendedor para todos os suprimentos essenciais. Como poderia checar a Algonquin sem um negócio real? Se a Freshwater devia perder qualquer participação de mercado adicional deste cliente, o preço seria apenas uma razão dentre muitas outras. Ao contrário, a Freshwater precisava enfrentar o desafio e descobrir como oferecer a este cliente um valor superior ao que a Algonquin poderia oferecer, e não baixar os preços. O foco de nossa discussão voltou-se do problema original, listado anteriormente no título deste estudo de caso, para questões mais pacíficas: como a Freshwater poderia diferenciar-se da Algonquin? Particularmente, como a Freshwater poderia melhorar seus serviços e sua logística? Que outras vantagens poderia apresentar para eclipsar a Algonquin? Até que ponto a Freshwater poderia integrar o cliente no desenvolvimento e teste de seu produto de próxima geração?

Os gerentes da Freshwater admitiram que a Algonquin não tinha roubado nada deles. Na verdade, a Freshwater tinha *perdido* o negócio mais do que a Algonquin o tinha *ganhado*. Além disso, se os lucros pareciam tão altos em dois dos principais clientes da Freshwater, por que a Algonquin nunca tinha atacado nesse ponto? Alguns dos gerentes da Freshwater começaram a ver seus "cruéis" concorrentes sob uma luz diferente, que os mostrava bastante mansos e disciplinados. A Algonquin começava a parecer uma concorrente com melhores serviços, mais do que um agressivo monstro de preços baixos.

Entretanto, a gerência da Freshwater não poderia adotar a mesma filosofia até aprender como deveria brigar. Isso significava fazer as mesmas perguntas cada vez que enfrentasse a ameaça de perder negócios:

- Quão elevado é o potencial de lucros neste segmento?
- Quão elevado é o potencial de lucros neste cliente?
- Merecemos participação de mercado por causa de uma forte vantagem do produto, ou apenas podemos defendê-lo com preços mais baixos?
- Como nosso concorrente vai responder se revidarmos?
- Como eles responderão se nos retirarmos?

Cada uma dessas perguntas centra a atenção na qualidade da receita que está em jogo, e não na quantidade. Uma ferramenta que talvez ajude os gerentes a responder essas perguntas e a tomar decisões informadas é o mapa da concorrência, que apresentamos e descrevemos na próxima seção.

Use um mapa da concorrência para orientar suas decisões

A dinâmica de mercado da Freshwater levanta questões estratégicas importantes. Se uma nova empresa entra no seu mercado, você a acompanha em cada movimento, ou concede, conscientemente, mais mercado a fim de cortar as perdas e preservar sua base de lucros? Caso tome o último caminho, onde você faz as concessões? Se você obteve uma participação de mercado substancial através de uma entrada agressiva, continua agindo agressivamente depois que os níveis de crescimento atingiram o pico e seu produto se estabeleceu entre muitos outros? Ou você passa a ser conservador e preserva seus lucros?

A concorrência pacífica é a ciência para lucros diferenciados. Usamos a palavra *ciência* em vez de *arte* porque entrar nas batalhas certas e conceder a participação de mercado correta envolve muito mais do que dar uma olhada apressada nos dados básicos de mercado, ouvir as histórias de guerra que sua força de vendas conta e fazer alguns julgamentos rápidos sobre os próximos movimentos da concorrência.

O investimento mental de usar *ciência* em vez de *arte* exige duas coisas. Em primeiro lugar, você deve aceitar a idéia de que a empresa pode ter muita participação de mercado, e que ganhar mais participação do que seus produtos justificam – por causa da percepção de valor dos clientes e dos seus recursos para entregar esse valor – pode, na verdade, reduzir os lucros significativamente. Em segundo lugar, você deve ter uma visão completa do cenário competitivo para decidir onde você tem as maiores vantagens, e quais são os principais pontos de diferenciação que permitem atingir as áreas pelas quais deve lutar ou defender a participação de mercado e onde não lutar. Chamamos essa visão de cenário de mapa da concorrência.

Se a Freshwater tivesse usado esse mapa, ela teria sabido imediatamente que não deveria revidar contra a Algonquin, pois esta tinha uma vantagem devido ao valor que os clientes reconheciam e recompensavam. Revidar com preços menores pode até ter recuperado alguma participação, mas com ramificações negativas permanentes quanto ao lucro.

Primeiro vamos explorar a questão de quanta participação de mercado seus produtos podem garantir. Richard Harmer e Leslie L. Simmel descrevem esse fenômeno no artigo "Quanta participação de mercado é demais?". De acordo com a teoria deles, um produto ou serviço em particular atinge os limites naturais de sua participação de mercado quando agrega apenas valor adicional marginal para o cliente. Além desse ponto, o preço se torna o principal diferenciador.[3]

Para ilustrar suas idéias, Harmer e Simmel descrevem as conseqüências da guerra de preços que a Dell Computer deflagrou em 2001. Antes da Dell finalmente recuar, ela tinha subido sua participação no mercado de computadores pessoais de 10 para 14%, um aumento impressionante. Mas Harmer e Simmel descreveram o mercado resultante de PCs como a "terra perdida dos lucros", estimando que a guerra de preços pode ter custado à Dell quase U$ 2 bilhões em lucros.[4]

A teoria de Harmer e Simmel não contradiz as constatações do PIMS que descrevemos no capítulo anterior. Em vez disso, mostra que a busca pelo crescimento da participação de mercado tem seus limites. Qualquer participação além disso talvez não seja apenas indesejada, mas também poderia colocar os lucros futuros em risco.

Isso nos leva ao mapa da concorrência. O objetivo do mapa é mostrar onde cada empresa – na opinião sincera de sua equipe – tem uma vantagem competitiva no mercado. Em outras palavras, ele mostra onde cada competidor merece ser mais forte, devido ao valor que oferece aos clientes. Referimo-nos a essas áreas como espaços naturais da empresa. Esse valor poderia se originar da superioridade na qualidade do produto, serviço, suporte, capacidades de entrega ou qualquer número de outras exigências específicas da indústria. Construir um mapa desse tipo é possível mesmo em mercados complexos, nos quais os competidores vendem vários tipos de produtos para uma ampla variedade de clientes. São necessárias apenas três etapas.

A etapa mais fácil é criar uma matriz, como mostrada na Figura 2.2, que tem os produtos em um eixo e os segmentos de clientes ou as aplicações de utilização final no outro. Para fins puramente ilustrativos, os autores baseiam o mapa nas Figuras 2.2 e 2.3 em uma avaliação rápida do mercado de café da manhã ou almoço na área de Boston. Nesse mercado, uma grande cadeia local e uma cafeteria elegante brigam pelos clientes em três grandes segmentos (colarinho azul, colarinho branco e estudante).

	Segmentos de cliente		
Produtos	Colarinho azul	Colarinho branco	Estudantes
Roscas			
Café			
Sucos			
Sanduíches frios/biscoitos			
Sanduíches quentes para café da manhã			
Sanduíches para o almoço			
Bolos/*cookies*			
Chá			

Fonte: Simon-Kucher & Partners

FIGURA 2.2 A primeira etapa na construção de um mapa de concorrência.

A segunda etapa para construir um mapa da concorrência é determinar o grau de atratividade que cada célula dessa matriz tem para sua empresa. Descobrimos que a forma mais direta de realizar isso é fazer com que um pequeno grupo de especialistas internos de produto e *marketing* avalie cada célula separadamente de acordo com seu tamanho, potencial de crescimento, lucratividade, intensidade competitiva e potencial para diferenciação. Faça com que os especialistas avaliem cada critério de acordo com uma escala (digamos, de 1 a 5) e depois combinem os resultados em um escore geral.

A terceira etapa exige que você enquadre os competidores nas células, de acordo com o local em que esses competidores teriam a melhor chance de obter lucros incrementais atendendo às necessidades do cliente por um desempenho aceitável ou superior. Apenas um competidor pode ocupar uma célula individual. Sugerimos que você use o conceito de vantagem comparativa, em vez de vantagem competitiva, para colocar os concorrentes nas celas. Usar a vantagem comparativa significa que você designa alguns competidores para áreas em que eles colocam seus recursos em melhor uso para fornecer um nível aceitável ou talvez superior de qualidade aos clientes, mesmo que estes não sejam atualmente o melhor dos melhores.

Para entender a diferença entre vantagem competitiva e vantagem comparativa, pense em um executivo e um auxiliar administrativo. As tarefas no escritório vão da negociação de contratos à administração de reuniões. Quem deve cuidar de qual tarefa? Para descobrir, você não deve olhar para quem faz o melhor trabalho em cada

		Segmentos de cliente		
		Colarinho azul	Colarinho branco	Estudantes
Produtos	Roscas	■		
	Café	■	■	☐
	Sucos		✦	✦
	Sanduíches frios/biscoitos			
	Sanduíches quentes para café da manhã	■	■	■
	Sanduíches para o almoço		☐	
	Bolos/*cookies*		☐	
	Chá		☐	☐

■ A gigante local tem vantagem	☐ A loja elegante tem vantagem	◣ Ninguém tem clara vantagem	✦ Ameaças de guerra de preço

Fonte: Simon-Kucher & Partners

FIGURA 2.3 Exemplo de mapa da concorrência para café da manhã e almoço em Boston.

tarefa e atribuir a tarefa de acordo. Isso indicaria que você atribui os trabalhos de acordo com a vantagem competitiva. Em vez disso, você deve atribuir as tarefas de forma que o executivo e o auxiliar administrativo usem suas habilidades e talentos para fazer o escritório funcionar com o máximo de eficiência possível. Ao fazer isso, você reconhece quem tem a vantagem comparativa. Em relação ao tempo, o executivo pode ser muito melhor em gerenciar sua agenda – reuniões, viagens e outros compromissos – do que o auxiliar. Ele teria uma vantagem competitiva sobre o auxiliar. Mas o auxiliar tem a vantagem comparativa, pois o tempo do executivo é mais bem empregado quando ele se dedica a outras tarefas.

Se usar a vantagem competitiva, você pode descobrir que um único fornecedor teria um desempenho superior em cada célula. Mas esse fornecedor superior não pode atingir essa posição em cada célula e ainda esperar manter seu nível de lucro. Ficando sem nenhuma outra opção, os oponentes se atacariam com preços menores em uma tentativa desesperada de defender suas próprias posições ou obter novas. Isso plantaria as sementes de uma guerra de preços, com o esvaziamento inevitável dos lucros. É por isso que sugerimos usar a vantagem comparativa.

Para fazer essas avaliações dos concorrentes, você precisa entender profundamente o que cada um busca no mercado. Pergunte-se o seguinte, por exemplo:

- O que o comportamento do cliente revela sobre a performance dos competidores?

- Que declarações públicas seus concorrentes fizeram recentemente em relação à estratégia futura deles?

- Que recursos seus concorrentes têm (proposta de valor, suporte financeiro, capacidade adequada, posição superior de custos, força de vendas) para atingir as metas?

- Um de seus concorrentes abriu recentemente uma nova planta ou uma nova instalação cuja produção permitiria que ele atendesse certos clientes?

O produto acabado se pareceria com o mapa da Figura 2.3. Neste caso, a gigante local tem três vantagens claras entre os trabalhadores do tipo colarinho azul e também tem uma clara vantagem em sanduíches quentes para café da manhã em todos os segmentos. A loja elegante, em contraste, tem vantagens em produtos (bolos e chá, por exemplo) que chamam a atenção de uma multidão mais do tipo colarinho branco. A força de cada competidor é clara em todas essas áreas.

O campo de batalha se encontra com as bebidas expresso, que têm pouca relevância para o grupo de colarinho azul, mas amplo apelo para estudantes e trabalhadores de colarinho branco. Nenhum lado tem uma vantagem clara agora, o que cria o risco de um deles tentar usar o preço como fator de diferenciação. Isso explica a sinalização nessas duas celas.

Com o tempo, encontrar outras formas de diferenciação além do preço será uma maneira de reduzir a ameaça de uma guerra de preços, ou até mesmo de eliminá-la inteiramente. A empresa dominante (neste caso, a loja elegante) pode precisar suportar algumas deserções de clientes para preservar seus lucros.

Você pode usar um mapa desses para guiá-lo com relação a como se comportar no mercado. Se você for um ofertante pequeno, precisará comprometer os recursos em áreas de vantagem comparativa e deve deixar esse compromisso inequivocamente claro para seus clientes. Se entrar em outras áreas do mapa, deve proceder como a Alongquin no caso Freshwater apresentado anteriormente. A Algonquin não forçou seu caminho para os clientes da Freshwater de forma agressiva. Os clientes praticamente convidaram a Algonquin a ser sua fornecedora por causa de sua insatisfação com a Freshwater.

Procure seletivamente as oportunidades em que os clientes tenham recebido serviços insatisfatórios de um concorrente, mas não inicie um ataque geral à empresa que estiver na cela. Você só poderia "vencer" um ataque desses com preços mais baixos, e essa ação provavelmente atrairia uma resposta da concorrência em uma área em que você é mais vulnerável. Para que se arriscar dessa forma?

O mapa da concorrência dá a todos em sua empresa uma imagem clara sobre onde travar as batalhas. Você pode treinar a si próprio e a sua organização para basear a estratégia competitiva no desejo de ganhar um lucro elevado e sustentável em uma determinada parte do seu mercado, não em um desejo de recuperar todo cliente perdido ou de ganhar em todas situações. Sustente seu compromisso por meio de uma comunicação consistente com o mercado. O Capítulo 10 explica detalhadamente como fazer isso sem arriscar uma violação de leis antitruste. Quando você tem posições residuais em áreas em que outro concorrente tem a vantagem comparativa, não precisa defendê-las agressivamente se for ameaçado. Na verdade, a ação mais inteligente pode ser ceder essa posição de participação de mercado ao concorrente.

Conceda a participação de mercado se isso proteger seu lucro

Quando um concorrente ameaça sua posição oferecendo preços mais baixos ou oferecendo um produto um pouco melhor com o mesmo preço que o seu e você sente que qualquer tentativa de ganhar participação de mercado é injustificada, você precisa reagir de forma rápida e decidida. O comedimento é também uma opção viável e, muitas vezes, a mais sábia. Controle sua agressão suprimindo o impulso de revidar cada vez que você perde um negócio.

Neste caso, você enfrentará um dilema no sentido mais verdadeiro da palavra. É preciso escolher entre duas alternativas que parecem pouco atraentes: atacar reduzindo preços e arriscando uma guerra de preços ou defender-se enfatizando o valor que você fornece, com o risco de perder participação de mercado para um concorrente com preços mais baixos. A segunda opção, que geralmente recomendamos, exige que você encontre um verdadeiro ponto de diferenciação.

Para um produto manufaturado, esse ponto de diferenciação muitas vezes envolve serviços, relações pessoais ou simplesmente a capacidade de entregar um produto no prazo e com qualidade consistente. Mas uma tentativa de diferenciação também pode sair pela culatra quando não se baseia em algo significativo para o cliente, ou quando sua vantagem é tão sutil que os clientes não a percebem. Quando você apresenta artificialmente alguma característica para fazer com que pareça diferente, a maioria dos clientes percebe rapidamente a manobra. Você vai terminar exatamente onde começou.

Muitos gerentes mostram-se céticos quando sugerimos que eles controlem sua agressão quando outras empresas perseguem seus clientes. Eles pedem, com todo o direito, um exemplo concreto de uma empresa que não revidou e viveu para contar a história. Proporcionaremos dois exemplos, um de informações públicas e outro de nossa experiência de projeto.

ESTUDO DE CASO

Problema: Como responder a uma ameaça competitiva

Empresa: Reuters
Produto: Notícias de economia e finanças
Fonte: Análise de informações disponíveis ao público

Por melhor preço, a Thomson Financial venceu a gigante do serviço de notícias Reuters em um contrato de cinco anos no valor de US$ 1 bilhão para fornecer à Merrill Lynch notícias de economia e finanças em 25 mil terminais. A Reuters se retirou, em vez de tentar se equiparar à Thomson e conseguir o negócio. Consideraríamos essa decisão difícil de engolir, mas corajosa e correta.

Se a Reuters tivesse retaliado, poderia muito bem ter iniciado uma guerra de preços. A Thomson poderia ter pressionado mais, e os clientes existentes da Reuters poderiam ter aproveitado essa oportunidade para conseguir concessões. Chamamos isso de efeito de contaminação de um acordo bem-sucedido. Em vez de detonar essa avalanche e comprometer o lucro do setor, a Reuters se retirou.[5]

O caso da Reuters não é inteiramente uma questão de preços altos e baixos. Os concorrentes satisfeitos com lucros menores já tinham começado a transformar em *commodities* os produtos da Reuters, que já haviam sido poderosos. À medida que as vantagens de um produto diminuem, os gerentes tendem a perder o enfoque na natureza do negócio e dos produtos. O preço se torna uma forma tentadora de diferenciação. Mas um corte de preços da Reuters teria enviado um sinal inconfudível a seus clientes. Eles poderiam ter entendido uma resposta agressiva da dominante Reuters, como uma manobra defensiva que implicitamente reconheceria que a Thomson é uma forte concorrente da perspectiva do valor de produto.[6] Ao conceder o contrato à Thomson, a Reuters enviou uma clara mensagem aos clientes de que o mercado de serviços de informação ainda tinha um grupo de produtos de alta qualidade e outro grupo com produtos inferiores, com a Reuters prontamente posicionada no primeiro. Fica implícita na resposta da Reuters a crença de que seu mercado ainda tinha um segmento de clientes que desejava pagar algo além de *bits* e *bytes* na tela de um computador. Eles ainda valorizavam aspectos representados pela marca Reuters, como a qualidade das informações fornecidas, o tempo da relação ou a natureza da relação estabelecida. Tais fatores geralmente deixam as empresas relutantes em trocar de fornecedor só porque um oferece menor preço.

Se a Reuters tivesse reduzido os preços para manter o negócio da Merrill Lynch, teria sido o equivalente a emitir o seguinte comunicado ao resto dos clientes naquele segmento especial: "Sim, você está disposto a pagar mais, mas fique com o seu dinheiro. Não o queremos. Nosso serviço não vale a pena, como acabamos de mostrar para o pessoal da Merrill Lynch. Por isso, da próxima vez que negociarmos com você, sinta-se à vontade para citar essa questão com a Merrill Lynch e usá-la como base para as negociações".

A contaminação dos preços ocorre quando uma concessão de preço impele outros clientes a solicitar concessões semelhantes, ao sentarem na mesa de negociação. A Reuters resistiu à tentação de contaminar seus preços para preservar suas outras vantagens – não importando o quão escassas elas podem ter se tornado – e não precisou esperar muito pela recompensa. Nos oito meses depois da decisão de não atender a demanda da Merrill Lynch, a Reuters teve um aumento constante do preço das ações, e seu lucro operacional praticamente dobrou.

As ações de uma empresa que chamaremos de Mosella Industries fornecem outra lição sobre como responder adequadamente a uma ameaça competitiva.

ESTUDO DE CASO

Problema: Como se defender de uma ameaça competitiva

Empresa: Mosella Industries
Produto: cerâmicas especiais
Fonte: projeto da Simon-Kucher & Partners

A Mosella era líder de mercado na Europa e nos Estados Unidos.[7] A única concorrência da empresa vinha de uma série de empresas menores que atendiam a certos nichos, mas não conseguiam competir com a Mosella. Essa situação foi importante para manter a competição baseada em preço mínimo.

A situação sofreu uma virada radical, no entanto, quando o maior fabricante japonês, a Nikkoceram, entrou no mercado americano. A Nikkoceram dispunha de recursos financeiros substanciais, pois detinha o mercado japonês praticamente para si, onde conseguia cobrar altos preços.

A Mosella partiu do pressuposto de que a Nikkoceram entraria no mercado norte-americano com preços extremamente agressivos, para ganhar uma forte posição de mercado. Caso isso tivesse acontecido, a Mosella se comprometeria a defender suas posições muito fortes de mercado com agressividade. O cenário de pesadelo se tornou realidade quando a Nikkoceram lançou produtos a US$ 75 por lote, ou 25% a menos do que o preço da Mosella, de US$ 100 por lote. No entanto, os clientes mantiveram-se receosos com a novata e não saíram em debandada com a sirene acionada pela Nikkoceram. Mas a Mosella se sentiu ameaçada. Ela rapidamente revidou o golpe e baixou seus próprios preços em 20%, para US$ 80. A administração da Mosella percebeu que o preço um pouco superior em relação à Nikkoceram garantiria que quase nenhum cliente mudaria para o concorrente japonês.

Acreditando que sua meta de participação de mercado estava ameaçada, a Nikkoceram parou de tentar equilibrar a participação de mercado e a lucratividade e redirecionou suas energias apenas para a participação de mercado, cortando os preços em 20%, para US$ 60, e, com isso, voltando ao desconto original de 25% em relação aos preços da Mosella. Seguindo essa movimentação, os clientes começaram a trocar de fornecedor permanentemente. Como era de se esperar, a Mosella tentou contrabalançar cortando os preços mais uma vez. Os custos impediam que a Mosella reduzisse os preços para menos de US$ 75, mas isso fazia pouca diferença. A batalha terminou quando a Nikkoceram tinha obtido uma participação de mercado de 30%. Este se tornou o novo equilíbrio de poder no mercado.

A diminuição de preço da Mosella tinha se combinado com a perda de participação de mercado. Antes que a Nikkoceram atacasse, a Mosella cobrava US$ 100 por lote, o que significava que ela fazia vendas de U$ 10 mil a cada cem lotes que vendia. No novo equilíbrio de poder, o preço tinha caído para US$ 75, e agora eram vendidos apenas 70 lotes quando antes se costumava vender 100. Isso deixava a empresa com US$ 5.250 para cada US$ 10 mil da receita que costumava gerar, um declínio de 47,5%.

Depois de seu ataque ao mercado americano, a Nikkoceram logo transferiu seus esforços para a Europa, o mercado doméstico da Mosella. A Mosella esperava que os japoneses atacassem da mesma forma, mas dessa vez ela se preparou de forma diferente. Tinha aprendido a lição. Quando a mesma situação aparecesse novamente, a administração teria uma idéia sólida sobre a forma como a Nikkoceram responderia.

A Mosella tinha que decidir entre perder 30% ou quase 50% de sua receita. Com certeza não parece que esta seja uma posição invejável, pois fica parecendo que você "perde" de ambas as formas. Golpeada e magoada uma vez, a Mosella sabia que não poderia "vencer" esta luta. A abordagem antiga de proteger cada ponto de participação de mercado lhe tinha custado caro. Para comportar-se de forma agressiva novamente ela pagaria um preço muito alto. Na Europa, ela agiria de forma inteligente, enfatizando o que a torna diferente e ao invés de focar inteiramente no preço.

É necessário uma forte maturidade comercial para tomar qualquer decisão quando se pode perder 30% das rendas. Admitindo isso ou não, a maioria dos gerentes ainda quer experimentar a emoção de ganhar quando se depara com a perspectiva desse resultado. Eles veriam tudo o mais como um golpe em sua imagem. Ainda assim, nenhum grau de otimismo, confiança e atitude proativa pode superar a simples matemática desta situação: você se preparar para perder 30% ou 50% de sua receita naquele mercado. Como você consegue justificar a perda de 50% quando sabe que poderia ter contido o estrago?

A nova abordagem funcionou. A Mosella manteve praticamente todos os preços estáveis depois que a Nikkoceram adentrou no mercado, como antecipado, com um desconto de 25% em relação aos preços da Mosella. A Mosella promoveu apenas algumas poucas correções para manter certas linhas de produtos, e viu os preços médios ponderados caírem apenas 4%. A Nikkoceram, no final, acabou obtendo 30% do mercado, mas os preços mantiveram-se em níveis muito superiores.

A Mosella não conseguiu evitar a mudança, mas ficou satisfeita com a decisão de se conter. Embora tivesse perdido 30% do volume, os preços caíram apenas 4%. Para cada U$ 10 mil que vendia antes na Europa, agora ela vendia US$ 6.720, ou 32,8% a menos. Embora pareça uma derrota, o desempenho ainda é quase 15% acima do declínio desastroso de 47,5% que sofrera no mercado estadunidense. O comedimento – e os níveis superiores de preço que resultaram daí – ajudou a Mosella a preservar os lucros.

O fato de a Nikkoceram não ter obtido mais de 30% de participação de mercado, apesar dos baixos preços, mostra novamente que, mesmo em mercados maduros com produtos semelhantes, aspectos como marca, relacionamento e custos de mudança podem desempenhar um papel importante na disposição do cliente de pagar. A Mosella percebeu essa regra na segunda vez.

Resumo

Muitos competidores em mercados maduros destroem os lucros com um comportamento agressivo ou aquiescente, tentando aumentar a participação de mercado com preços menores sem consideração pelas implicações nos lucros. Em geral, eles usam a terminologia militar para descrever a concorrência e justificar seu comportamento. Os competidores pacíficos baseiam seu comportamento nos lucros, no comedimento e na diferenciação, cedendo participação de mercado quando se vêem atacados e percebem que não podem defender essa participação com lucratividade. Eles também se diferenciam em fatores sutis, mas importantes (serviço, suporte, relacionamentos, marcas), e não por meio de preços mais baixos.

Como o caso da Freshwater demonstrou, uma atitude agressiva pode cegar uma empresa e impedir que ela veja as razões reais pelas quais os clientes trocam de fornecedor e também como um fornecedor pode reconquistá-los. Para escolher as batalhas com inteligência, os gerentes podem confiar em ferramentas como o mapa da concorrência. Esses mapas dizem onde eles têm uma vantagem comparativa, onde devem defender a participação e onde a execução de um plano defensivo poderia contaminar sua capacidade de obter lucros.

Os competidores pacíficos também têm certeza de que conhecem as implicações de lucro de cada movimento que fazem no mercado. Os casos da Reuters e da Mosella mostram claramente que ter esse conhecimento pode impedir equívocos estratégicos onerosos. O próximo capítulo mostra como você pode evitar esses equívocos desafiando suas pressuposições e "fazendo a matemática".

CAPÍTULO 3

Mude a Maneira como Você Forma Seus Pressupostos

Se quisermos avançar, precisamos desafiar a sabedoria convencional. E isso significa ser muito direto. Às vezes você precisa fazer as pessoas duvidarem de suas certezas.
—Pascal Brosset, vice-presidente de inovação e estratégia, SAP[1]

O PRIMEIRO PASSO e o mais importante para identificar oportunidades ocultas de lucro é desafiar e alterar as suposições que você faz sobre seu cliente. É sempre mais fácil rever seu pensamento – suas suposições a respeito do que seus clientes desejam e o que eles estão dispostos a pagar – do que remodelar os produtos e serviços oferecidos.

Até mesmo a médio prazo você tem oportunidades limitadas para fazer alterações físicas significativas nos produtos já estabelecidos. Mas você pode alterar a maneira de negociar com seus clientes. Desafiar suas suposições significa fazer a si mesmo perguntas que você acha que respondeu definitivamente anos atrás. E significa responder essas perguntas não com seus reflexos, mas com fatos e *insights* atualizados extraídos do mercado.

Baseie a visão a respeito dos clientes em fatos, não na sabedoria convencional

Por mais estranho que pareça, os gerentes tomam todos os dias decisões que não se baseiam em evidências objetivas. Ao contrário, confiam imensamente em suposições extraídas do histórico da empresa ou do setor como um todo. Essa *sabedoria conven-*

cional é uma idéia, noção ou princípio orientador que os gerentes aplicam por reflexo, sem questionar. As pessoas se conformam com uma determinada visão de como seu mundo funciona; a sabedoria convencional proporciona aos gerentes uma orientação para o dia-a-dia. Ela surge de uma tendência humana natural de confiar na experiência mais do que nos fatos disponíveis quando se tomam decisões.

Um estudo publicado na *Nature* descreve como os indivíduos usam informações atuais e experiências passadas para tomar decisões, um processo mental conhecido como análise bayesiana.[2] Quando aumenta o nível de incerteza – como ocorreria, digamos, se um gerente ouvisse notícias sobre uma ameaça crescente da concorrência a um cliente importante – ela pode fazer com que uma pessoa confie muito mais na experiência passada do que nos fatos reais. Assim, a maioria das pessoas opta por uma resposta pré-programada alimentada por relatos informais. A sabedoria convencional pode, muitas vezes, triunfar sobre a objetividade quando fracas evidências parecem esmagadoramente convincentes.

Pense na última vez que comprou um carro. Você pode ter utilizado uma grande variedade de dados para ajudá-lo a tomar a decisão. Analisou classificações detalhadas das observações objetivas de consumidores, leu atentamente pesquisas sobre satisfação dos clientes e estudou os dados sobre segurança e desempenho. Suponhamos que, finalmente, você escolheu a marca e o modelo de carro que desejava comprar.

Na véspera do dia em que você planeja ir à concessionária, acaba indo a uma festa. A discussão se volta para os carros, e você revela sua decisão de compra. Então um convidado da festa relata sua própria experiência com o carro que você decidiu comprar. Em uma linguagem bastante vívida e franca, ele descreve o carro como pouco confiável e desconfortável e afirma que o serviço do fornecedor o tinha desapontado várias vezes. Ele recomenda firmemente que você reconsidere sua escolha.

Se você reagir como a maioria das pessoas, provavelmente vai reconsiderar a decisão. Mas pare um pouco e pense bem nessa decisão. A opinião do convidado da festa é uma amostra única. Em contraste, todas aquelas classificações e pesquisas que você já leu apontam para resultados e conclusões de dezenas de milhares de usuários do carro, todas com opiniões individuais entusiasmadas e deslumbradas.

O banco de dados para sua decisão cresceu de 50.000 para 50.001 depois do seu encontro com o convidado da festa. Se reconsiderar, você terá dado à opinião do convidado mais peso do que você deu às opiniões de outras 50 mil pessoas. Afinal de contas, quem diabos era esse convidado?

Infelizmente, os gerentes se comportam de forma muito parecida, toda vez que compreendem o conjunto de fatos mais recente que os impressionou, extrapolam a partir dali. Eles generalizam a partir de observações singulares, mesmo se os dados de milhares de outras observações afirmarem o contrário. Chamamos esse fenômeno de a maldição da fraca evidência.

O consultor gerencial Charles Roxburgh defende que não devemos criticar categoricamente aqueles que tomam suas decisões dessa forma. Até certo ponto, é culpa da natureza, não deles. Os gerentes lutam para romper com um processo de decisão intuitiva entranhado em nosso cérebro. Em seu artigo "Falhas ocultas na estratégia", Roxburgh cita o "efeito do falso consenso", uma tendência natural das pessoas lembrarem apenas as experiências que reforçam suas próprias suposições ou que ajudam a encontrar exemplos que contrariam qualquer tipo de avaliação rigorosa.[3] Independentemente de quantos arquivos sua organização coleta, ou quantas planilhas do Excel entulham os discos rígidos da sua equipe, a tomada de decisão dos gerentes deriva de um pequeno e seleto armazenamento de informações que eles continuam a acumular da mesma forma e a partir das mesmas fontes até desapontá-los. Torna-se seu hábito de informações e pode impedir que vejam o óbvio, porque ninguém mais verifica ou valida velhas suposições.

Quando não é conferida, a sabedoria convencional resultante pode funcionar como um veneno insidioso. Quando os gerentes ignoram os fatos disponíveis em prol da experiência passada, aumentam as chances de continuar fazendo vista grossa a oportunidades adicionais de lucro. A sabedoria convencional cega uma organização tanto para as verdadeiras preferências dos clientes quanto para as oportunidades de lucro que essas preferências criam. As empresas costumavam fazer distinções mais profundas sobre os diversos clientes, mas estas foram se perdendo ao longo do tempo. Os gerentes se negam a afinar essas distinções novamente porque isso significaria ir contra "o jeito que fazemos negócios por aqui". O caso a seguir ressalta bem esse ponto.

ESTUDO DE CASO

Problema: Desafiando as suposições sobre os clientes

Empresa: Dakota Devices
Produto: Dispositivos para teste
Fonte: projeto da Simon-Kucher & Partners

A Dakota, uma grande e diversificada fornecedora industrial, fabrica dispositivos analógicos e digitais para testar se certos tipos de maquinário de produção estão em conformidade com as regulamentações governamentais.[4] Os gerentes ou operadores das plantas devem realizar esse teste uma vez por dia, geralmente antes do primeiro turno da manhã.

Apesar de líder de longa data no mercado de vendas das versões analógicas, a Dakota estava lutando para entrar com a versão digital, cujo preço era 15% superior ao dispositivo analógico. O baixo crescimento nas vendas frustrou a equipe de *marketing* do produto. À medida que analisamos esse problema, os membros da equipe refletiram melhor sobre as opções que haviam considerado até então. Eles se questionaram se deveriam reduzir seus preços, oferecer outros incentivos para estimular os clientes a mudar ou alterar o produto para torná-lo mais atraente.

Antes de explorar que alternativa traria os lucros mais elevados, queríamos compreender melhor os benefícios oferecidos pelo produto e por que eles eram relevantes. "Por que exatamente essas pessoas trocariam seu dispositivo analógico pelo digital e ainda pagariam um preço 15% superior pelo novo produto?", perguntamos. Os integrantes da equipe de *marketing*, a qual incluía vários dos engenheiros e químicos que tinham ajudado a desenvolver o dispositivo, se entreolharam como se pudessem encontrar a resposta correta escrita na testa de um de seus colegas. Então, o cientista principal colocou o produto na mesa, olhou nossa equipe nos olhos e falou com todo o comedimento que conseguiu mostrar.

"Isto", ele disse, "está protegido por sete patentes."

O argumento fazia sentido para os engenheiros, que se orgulhavam de tais méritos. Eles recebiam inclusive incentivos monetários para registrar patentes. O princípio orientador impregnado em suas mentes dizia que, quanto mais patentes um produto tivesse, melhor ele seria. Eles concluíram que os clientes usariam esse mesmo princípio e julgariam que um produto com muitas patentes certamente teria um desempenho superior.

Entretanto, a equipe demonstrou menos confiança em suas respostas para nossas outras perguntas. Eles não sabiam dizer se o dispositivo fazia qualquer coisa que não fosse percebida pelos clientes, porque eles o viam como um dispositivo de teste simples – embora tecnologicamente superior. Quando perguntamos se alguns grupos de clientes poderiam estar fazendo um negócio bom demais, eles disseram que um teste de conformidade é um teste de conformidade. Isso é simplesmente um "negócio", portanto seria difícil que fosse "bom demais". E o que os concorrentes argumentariam contra esse produto, perguntamos. "Preço", responderam em uníssono.

A visão que eles tinham do mercado era muito simplista. Concordando que poderia haver uma forma melhor de responder as perguntas, a equipe assentiu em entrevistar uma pequena amostra de clientes atuais e clientes em potencial. Centrando-se nas preferências dos clientes e no preço que estes estariam dispostos a pagar, a Dakota empregou o mesmo tipo de pesquisa que explicaremos detalhadamente no Capítulo 5.

Os membros da equipe mostraram-se dispostos a testar suas suposições e, o que é mais importante, a aceitar os resultados e usá-los como base para suas decisões de *marketing*.

Os resultados surpreenderam a equipe de *marketing*. Os clientes estavam esgotados demais ou eram sofisticados demais para serem convencidos pela conversa sobre a quantidade de patentes do produto. A maioria não estava nem aí. Mas suas respostas revelaram algumas diferenças marcantes em como planejavam usar o dispositivo digital. Embora alguns clientes tenham confirmado a visão interna da Dakota (de que "um teste é um teste"), outros queriam usar o dispositivo várias vezes por dia, não apenas antes do primeiro turno. Muitos fatores podiam afetar o desempenho da máquina, desde o consumo de energia até a temperatura interna e a pressão para o tempo de ciclo. Ao rastrear cada aspecto do desempenho da máquina ao longo do dia, os clientes podiam diagnosticar problemas em potencial e realizar manutenção preventiva. Esse uso gerava um benefício importante para o cliente, porque ajudava a aumentar a produtividade e a reduzir os custos de manutenção nas fábricas. A maioria indicou que pagaria um preço mais elevado por um produto que permitisse reduzir custos de energia, o número de chamadas de manutenção emergenciais e evitar interrupções inesperadas na produção. Esses fatos e *insights* deixaram muito claro para os membros da equipe que eles teriam oportunidades de lucro adicionais se alterassem as suposições sobre seus clientes. Alterar o produto em si foi desnecessário.

Não deixe que os clientes pensem que conhecem você

As empresas industriais cujos produtos têm um alto grau de padronização muitas vezes subestimam a importância dos benefícios que oferecem além do produto. Em contraste, os gerentes que alcançam um desempenho em lucros superior em um mercado maduro estimam que serviço, logística, suporte técnico e suporte de *marketing* podem formar a base de uma diferenciação significativa. É aí que residem as oportunidades de lucro. Até mesmo um bom relacionamento com um cliente tem valor monetário quando desencoraja um cliente a mudar de fornecedores.

As ofertas de serviço podem incluir a ajuda técnica *online* de auto-atendimento até um programa abrangente envolvendo suporte, como consultoria, engenharia, gerenciamento de estoque e entrega de produtos personalizada. Nesses mercados, o escopo e a qualidade desses serviços podem formar um importante ponto de diferenciação. Mas como as empresas determinam qual cliente recebe quais serviços e quanto deve pagar por eles? Muitas indústrias, infelizmente, não fazem essas determinações e distinções. Em uma conferência, um dos autores deste livro teve a seguinte conversa com o gerente sênior de uma empresa da *Fortune* 500, cujos produtos físicos diferem pouco dos da concorrência:

– Você cobra pelas entregas no dia seguinte?
– Não.
– Você cobra por lotes incompletos?
– Não.
– Você cobra por tamanhos ou comprimentos não-padrão?
– Não. Está tudo incluído. Cobramos somente por metro quadrado.

Esse gerente não está sozinho. Outro gerente de um conglomerado industrial global descreveu, em inúmeros detalhes, como a estrutura de preços de sua empresa não evoluiu com o tempo, muito embora as exigências dos clientes e os produtos e serviços da empresa tenham sofrido modificações.

"No passado, só vendíamos o produto, mas agora a minha estimativa é de que os serviços de consultoria e testes compreendem 80% do valor que entregamos", afirmou. O produto em si é considerado "uma parte menor da equação". Mas você não vai encontrar a lista de preço para esses serviços de consultoria e teste. Não existe. A empresa cobra dos clientes todo o valor entregue exatamente da mesma forma que tem feito há décadas: com base unicamente no peso do produto comprado.

Pense nessas descrições por um momento. Se todos esses serviços forem incluídos no preço geral, então essas empresas vendem serviços por metro quadrado ou por peso. Nessas situações, achamos legítimo perguntar quanto deveria custar um "quilo" de serviço. E como isso se converte em um metro quadrado de serviço?

As perguntas podem parecer estranhas, mas a maioria dos fabricantes de produtos industriais luta com essas dúvidas todos os dias, embora poucos as coloquem nesses termos. Pergunte aos gerentes de vendas ou de *marketing* dessas empresas como elas cobram pelos serviços, e você vai receber uma resposta incisiva do tipo "Não se cobra pelo serviço em nosso setor" ou "Está incluído porque nossos clientes esperam isso". Em uma cultura de reação, os gerentes tomam como certas essas pressuposições. Alguns se apegam a elas com ferocidade, como se a própria idéia de pedir para os clientes que paguem pelos serviços os deixaria envergonhados e os exporia como pessoas que "simplesmente não entendem".

O caso da Peninsula Auto Alloys mostra como uma empresa pode alterar seu ponto de vista sobre serviços quando se compromete com a introspecção e permanece aberta a idéias alternativas.[5] Esse novo processo de pensamento ajudou a Peninsula a se conscientizar do lucro perdido em seus programas de serviço, que ela tratara tradicionalmente como um adicional, e não como base para uma vantagem competitiva significativa e valiosa.

ESTUDO DE CASO

Problema: Compreender a importância que os clientes dão ao serviço

Empresa: Peninsula Auto Alloys
Produto: Componentes de ligas para carros
Fonte: projeto da Simon-Kucher & Partners

Os membros da equipe responsáveis por um produto *semicommodity* na Peninsula acreditavam que possuíam algumas oportunidades adicionais de lucro ainda não identificadas ou capturadas. Isso lhes dava esperanças em um momento em que a pressão dos departamentos de compra nos fabricantes de equipamentos originais (OEMs) tinha se tornado imensa. Eles não podiam apostar em uma inovação. A tecnologia do produto que esta equipe vendia diariamente tinha mais de meio século de vida. Algumas das tecnologias com as quais concorria eram ainda mais antigas. Um produto novo ou modificado era algo completamente fora de questão.

Os gerentes seniores acreditavam que esta unidade de negócios estava negligenciando o lucro praticamente toda vez que seus vendedores negociavam um contrato. Se alguns clientes pagavam significativamente mais pela mesma quantia de produto físico por causa de diferenças nos níveis de serviço, por que eles não podiam fazer com que os outros clientes também pagassem? O que eles precisavam fazer para obter esse dinheiro no futuro?

Durante nossa primeira reunião informativa, a diretora de vendas riu quando levantamos a questão de cobrar pelo serviço.

"Não podemos fazer isso", ela disse.

Desafiamos essa hipótese observando com mais atenção ao que sua equipe de vendas *fazia* de fato em cada negócio, e não apenas o que eles vendiam. Examinar o que a equipe de vendas fazia em cada negócio requeria uma reconstrução honesta e esmerada das negociações na vida real do princípio ao fim. Isso envolvia mais do que apenas fazer anotações enquanto a equipe relatava suas histórias de guerra. Os membros da equipe nos levaram passo a passo através de uma série de negociações, desde o contato inicial ou requerimento de proposta até a concessão do contrato, incluindo o exame de fax, cartas e *emails* que fossem relevantes. Descreveremos esse processo com mais detalhes nos Capítulos 4 e 5.

Junto à equipe de vendas da empresa, aprendemos que os negócios pareciam ir adiante ou não ir pelos mesmos motivos. Muitas das diferenças entre negociações surgiram a partir de como os representantes de vendas tratavam o serviço. Poucos vendedores consideravam o serviço como algo que adicionava um valor legítimo pelo qual o cliente deveria pagar um adicional. Mas a maioria dos vendedores o usava como uma carta na manga, sem considerar nem a disposição de pagar nem os custos internos.

Esse trabalho obteve um consenso sobre quatro hipóteses relacionadas às interações da Peninsula com seus clientes. Duas delas explicavam por que a equipe tinha sucesso, enquanto as duas restantes mostravam onde ou por que não tinham êxito. Conforme essas hipóteses, a Peninsula estava certa de que:

- Sabia como os clientes tomavam suas decisões de compra. O comprador era o mais influente.

- Conhecia bem o mercado de preços. A equipe sentia que tinha uma boa intuição com relação a quando seus preços combinavam com a disposição dos clientes de pagar.

- Estava "presa no meio" do mercado. Na maioria das negociações, a equipe sentia que clientes com uma forte orientação para a qualidade poderiam passar para um dos concorrentes da Peninsula conhecidos nacionalmente, ao passo que os clientes com forte "orientação para custos" escolheriam um fornecedor menor, nacional ou estrangeiro. Isso fazia com que a Península estivesse no meio do sanduíche.

- Estava se vendendo por valor inferior ao percebido. A equipe sentia que entrava nas negociações em posição inferior e não estava tirando vantagem de seus pontos fortes.

Para confirmar ou recusar essas hipóteses, a diretora de vendas promoveu uma série de entrevistas com seus maiores clientes e com alguns dos clientes menores que acreditava que passariam a ser clientes importantes nos próximos cinco anos. O desafio central era realizar essa pesquisa, de pequena escala, mas em profundidade, de maneira anônima, e evitar perguntas diretas com relação a níveis de preço específicos ou comparações com concorrentes específicos.

Nesse caso, os clientes confirmaram apenas uma das quatro hipóteses: a Península tinha, de fato, se vendido barato durante as negociações. Quanto às três restantes, os clientes questionaram uma delas e refutaram as outras duas imediatamente. Na mente dos clientes, a Peninsula não estava presa no meio do sanduíche. Pelo contrário, era classificada por alguns clientes como a fornecedora preferida e, por outros, como uma alternativa viável. A suposição de que concorrentes estrangeiros ou "de baixo custo" representavam uma ameaça provou ser infundada. Os concorrentes estrangeiros tinham pouca visibilidade para os clientes. Alguns clientes nunca tinham sequer encontrado um representante de vendas estrangeiro, enquanto outros clientes questionaram o compromisso que os fornecedores de baixo custo teriam com o serviço e assistência técnica.

O que fazia a diferença na Peninsula? Os clientes citaram o nível excepcional de serviço personalizado, uma área cuja importância e valor a empresa tinha subestimado continuamente. Ela tinha uma combinação exclusiva de presença *in loco*, capacidades de desenvolvimento e uma disposição muito concreta de ajudar sempre que surgia uma crise ou um gargalo. Isso servia como uma clara barreira e consistia na maior linha de defesa contra a maioria dos concorrentes de baixo custo, particularmente os estrangeiros, que não tinham os recursos necessários para fornecer o mesmo nível de serviço *in loco*.

A Peninsula acreditava que os clientes consideravam a empresa e seus serviços como algo óbvio. Na verdade, o que os clientes consideravam como pressuposto óbvio era a qualidade do produto. Nenhum cliente considerou esse aspecto nem remotamente como um ponto de diferenciação. Ironicamente, o serviço é a área em que empresas como a Peninsula cortavam custos para economizar. É perigoso supor que os investimentos mais dispendiosos e que demandam mais recursos – tais como trabalhar horas extras com os clientes em suas próprias instalações – são as áreas em que você entrega valor em excesso ou que o cliente considera como normal. Na verdade, esses investimentos poderiam ser, de fato, o centro da vantagem competitiva da sua empresa.

Além disso, a unidade de negócios da Peninsula não conhecia bem nem o processo de tomada de decisões do cliente nem os preços que estes esperavam. Um comprador raramente tomava a decisão sobre qual fornecedor usar. A maioria dos parceiros entrevistados disse que o comprador tinha uma única tarefa: extrair um preço mais baixo do fornecedor que a equipe de projeto ou o engenheiro já tinha pré-selecionado.

Ao compreender melhor como os clientes viam seus serviços, e como essa visão diferia de cliente para cliente, a Peninsula Auto Alloys parou de tentar ser todas as coisas para todos os clientes. Ela substituiu essa abordagem de "carta branca" nos serviços e começou a dar passos bem-sucedidos para cobrar explicitamente por alguns deles. Ela também se assegurou de que os preços negociados com os clientes refletissem melhor todo o pacote que o cliente realmente estava recebendo.

Tire vantagem da poderosa ligação entre preço e lucro

Para identificar e explorar as oportunidades de lucro, você precisa aperfeiçoar todos os aspectos de seu *mix de marketing*. A curto prazo, entretanto, você conseguirá obter o maior impacto direto nos lucros se otimizar seus preços. Isso inclui seu processo para organizar estruturas de preço e estabelecer os preços propriamente ditos. Você não pode buscar oportunidades de lucro sem uma compreensão fundamental da ligação entre preço e lucro.

Sua empresa ganha dinheiro somente quando os clientes lhe pagam. Faz sentido, portanto, que seus lucros dependam da adequação com que você precifica seus produtos. Se você jogar em um gráfico o lucro e os preços que você imaginaria cobrar por seu produto, que tipo de curva apareceria? Na maioria dos casos, teria um formato semelhante ao da curva na Figura 3.1, que nós extraímos de dados e estimativas reais de um de nossos clientes.

Um gráfico de lucro por preço sempre terá um ponto máximo, um pico identificável. A meta dos gerentes de produtos maduros em mercados maduros deveria ser encontrar esse pico para seus produtos e serviços, e centrar seu *marketing* de forma a aproximar a empresa o máximo possível dos dólares de lucro que esse pico representa.

Se os seus preços estiverem muito baixos, você estará sacrificando lucros porque o volume aumentado que você vende não compensa a sua margem menor por unidade.

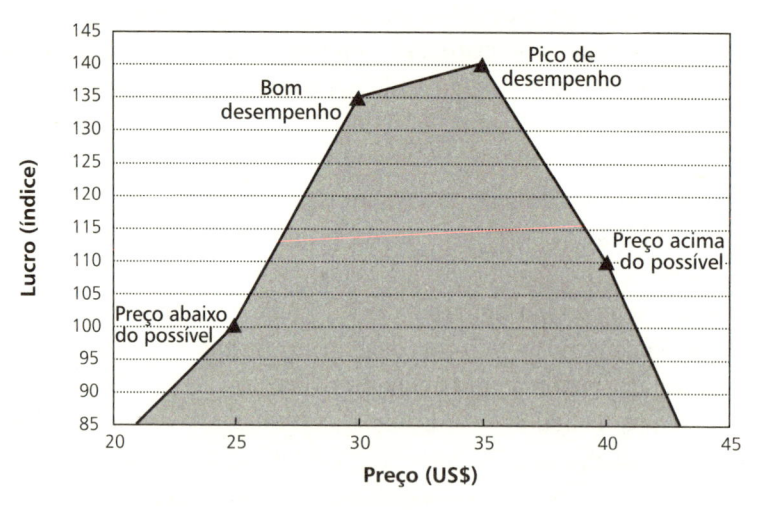

Fonte: Simon-Kucher & Partners

FIGURA 3.1   Quão perto você está do preço que maximiza seu lucro?

Você também sacrifica os lucros se os preços estiverem muito elevados, porque as margens maiores por unidade não compensam os volumes mais baixos.

Vamos nos referir à Figura 3.1 com freqüência ao longo deste livro para reforçar como ela é importante para você entender essas relações. Ela demonstra que, ao tentar encontrar a compensação ótima entre volume e preço, há sempre uma equação certa que traz o maior lucro. A menos que você saiba como sua própria curva de lucratividade se parece, você não vai saber onde está a "resposta certa", nem vai saber quanto dinheiro essa informação em falta lhe custa todas as vezes que realizar uma venda.

Pegue um preço de US$ 25 por unidade na Figura 3.1. Estipular esse preço por unidade lhe geraria um nível de lucro de 100 em uma base indexada. Esse índice não representa uma margem de lucro nem é qualquer outra medida de lucratividade. Ele representa valores absolutos. Imagine sacos de dinheiro que precisa guardar no cofre. Quanto mais alto for o índice, mais sacos você consegue guardar. Chamamos esse ponto de "preço abaixo do possível", pois a empresa teria um lucro considerável se subisse os preços.

Se você cobrasse US$ 30 a unidade, obviamente venderia menos unidades, mas o índice de lucro subiria para 135, um aumento de 35%. Esse ponto leva o nome de "bom desempenho".

A subida do "preço abaixo do possível" para "preço bom desempenho" também revela uma dinâmica que causa controvérsia em praticamente todas as empresas que os autores encontraram: a tensão entre participação de mercado e lucro. Como explicamos no capítulo de introdução, a participação de mercado e o lucro representam metas incompatíveis em mercados maduros e altamente disputados, a menos que você tenha uma inovação revolucionária ou uma vantagem de custo inexpugnável. Esse conflito cultural coloca os gerentes que favorecem a agressão e a reação contra aqueles que favorecem o lucro, o comedimento e a diferenciação. À medida que avançamos no livro, vamos continuar construindo o caso em que o último grupo de gerentes deve prevalecer neste conflito.

A curva na Figura 3.1 chega a um pico de US$ 35 por unidade, que eleva o índice de lucro para 140. Qualquer preço acima ou abaixo de US$ 35 reduzirá seu lucro. Suba os preços para US$ 40, e seu índice de lucro cai de 140 para 110, um declínio de 21%. Chamamos esse quarto ponto de "preço acima do possível".

Para cada produto e serviço que você tem, é possível determinar onde seu ponto de "pico de desempenho", o pico da curva, realmente se encontra ao longo da curva de lucro. Da mesma forma, você pode determinar quando praticou, de forma significativa, preços abaixo ou acima do possível para seus produtos. Nos Capítulos 4 e 5, vamos mostrar como você pode desenhar essas curvas para seus próprios produtos, usando dados internos ou externos. Suas curvas de lucro podem ser mais suaves ou mais inclinadas do que aquelas mostradas na Figura 3.1. Agora, no entanto, vamos descrever a função importante que devem desempenhar para estabelecer preços na sua organização.

O "bom desempenho" representa de longe, a área mais interessante. No nosso trabalho de consultoria, raramente vemos as situações extremas nas quais os preços atuais de uma empresa a colocariam abaixo do nível "abaixo do possível" ou além do "acima do possível". A maioria das empresas com as quais trabalhamos conseguiram ir além da distância de golpe do "bom desempenho". Elas são boas no que fazem. Mas talvez elas não tenham visto ainda o "pico de desempenho".

Em outras palavras, elas não sabem nem o quão lucrativas deveriam ser, nem que esse nível ótimo de lucro pode ser definido e alcançado. Essa afirmação seria pouco mais do que uma abstração esotérica de torre de marfim se um fato simples não fosse verdade: os gerentes podem se dar bem em identificar e capturar a diferença entre "bom desempenho" e "pico de desempenho" nos produtos e serviços de sua empresa. Quando conseguem fazer isso, o maior lucro anual geralmente chega a milhões de dólares e de longe ultrapassa o investimento exigido.

Na Figura 3.1, a mudança do "bom" para o "pico" eleva o índice de lucros em apenas cinco pontos, de 135 para 140. Talvez esses valores possam parecem uma diferença menor, mas aumentarão os lucros em 3,7%. Para uma empresa com US$ 1 bilhão em receitas e US$ 100 milhões em lucros operacionais, significa um valor extra de US$ 3,7 milhões por ano em lucros adicionais. Cada produto ou serviço tem um preço no qual atinge o pico de desempenho em termos de lucro. Se seus preços o colocam à esquerda ou à direita do pico, você não apreçou os produtos e serviços para os melhores lucros. Você deixou o dinheiro no bolso dos clientes.

Como você consegue atingir esse ápice de lucros? Em primeiro lugar, você deve enxergá-lo. Se você se basear inteiramente no *feeling* e na sabedoria convencional – como acontece em atalhos do tipo preços mais custo –, encontrar o ápice seria pura coincidência. Entrementes, quanto mais você se afastar do ápice, você estará abrindo mão de maiores lucros.

Estranhamente, a sabedoria convencional ignora o vínculo que acabamos de descrever entre os preços e os lucros. A sabedoria convencional em termos de estabelecimento de preços lhe fornece duas opções: o método *cost-plus* (que significa que o preço é um múltiplo de seus custos) e o método "olhe para a concorrência" (que significa que o preço é um múltiplo do que seus competidores cobram). Em uma pesquisa, a Wied-Nebbeling constatou que cerca de 70% das empresas aplicam alguma versão da precificação *cost-plus*.⁶ Desde meados da década de 1990, a Simon-Kucher & Partners pesquisou, periodicamente, executivos experientes e de alto nível em grandes empresas globais para ver como tratavam as estratégias e técnicas de preços. Um grupo de perguntas foca no tipo de informação que usam para tomar as decisões de preços e o quão bem-informados se sentem. Cerca de 81% dos respondentes em uma pesquisa se disseram bem-informados sobre os custos variáveis, e 75% sentiram-se bem-informados sobre onde se colocavam os preços dos competidores. Mas apenas 34% estavam confortáveis com o conhecimento da resposta da demanda a diferentes *níveis de preço*, a chave para estabelecer as curvas de lucros. A resposta aos preços representa a mudança na demanda quando você aumenta ou diminui seu preço. Intimamente relacionado a ela está o conceito de *elasticidade de preço*, que representa a mudança de percentagem na demanda do cliente, dividida pela mudança de percentagem no preço. Se você corta os preços em 10% e suas vendas unitárias sobem 10%, a elasticidade de preço seria 1. Sua receita se mantém rigorosamente a mesma, mas seus lucros caem, pois você precisa vender mais unidades para ganhar essa mesma receita.

Por que o conceito muito lucrativo de uma curva de lucros e o conhecimento de que você realmente pode determinar onde está o ponto de preço lucrativo não consegue ressoar em mais gerentes? Talvez a razão mais importante é que os gerentes sentem que não têm alternativa prática para substituir os métodos estabelecidos e convenientes, *cost-plus* e olhe-para-a-concorrência.

Como toda a sabedoria convencional, o *cost-plus* e o olhe-para-a-concorrência têm certas vantagens. Não causa surpresa, então, que a maioria dos gerentes usem o que conhecem melhor, o que podem observar e contar facilmente, como base para o estabelecimento de preço. Os métodos têm um caráter quantitativo e uma base lógica. O método *cost-plus* também é "simples e fácil de aplicar. Baseia-se em dados de custos e aparentemente lida com a incerteza do mercado".⁷ Por fim, os gerentes aprenderam a viver com as desvantagens desses métodos.

Os livros sobre precificação, em contraste, pouco falam sobre esses métodos de atalho. Dolan e Simon, que observaram as poucas vantagens que acabamos de mencionar, destacam os problemas: "É bobagem não considerar o lado da demanda no estabelecimento dos preços. A vontade do cliente de pagar não é determinada pelos custos de um produto, mas por seu desempenho e pelo valor resultante ao cliente".⁸ Nagle e Holden referem-se ao método *cost-plus* como "custo mais desilusão", alegando que "a precificação *cost-plus* é, historicamente, a mais comum, porque carrega uma aura de prudência financeira. A prudência financeira, de acordo com essa visão, é obtida precificando-se cada produto ou serviço para gerar um retorno justo sobre todos os custos, total e corretamente alocados. Em teoria, é um guia simples para a lucratividade; na prática, é um meio para um desempenho financeiro medíocre."[9]

Os preços que a divisão Chrysler da DaimlerChrysler adotaram para o modelo 300 mostra o quão drástica pode ser a diminuição do lucro caso a empresa se baseie no *cost-plus* para estabelecer preços. Os clientes poderiam comprar um 300 com um motor padrão V-6 ou com o motor de 350 cavalos de potência com base na tecnologia Hemi que a empresa desenvolveu na década de 1960. Os dois motores custam praticamente o mesmo para fabricar. Se a gerência da Chrysler tivesse usado o *cost-plus*, ela não teria como cobrar uma compensação pelo motor mais poderoso. Em vez disso, "a versão Hemi, chamada 300C, é vendida por quase US$ 10 mil a mais. Embora esse modelo tenha assentos de couro e outros acessórios caros, os analistas acreditam que boa parte da diferença é puro lucro."[10] Não há como saber, sem análises adicionais, se a Chrysler aumentou os lucros em US$ 10 mil. Mas uma coisa é clara: a Chrysler gera receitas brutas de US$ 1 bilhão para cada 100 mil 300Cs com potência Hemi que vende, e boa parte dessa receita acaba sendo lucro.

Cuidado com o *benchmark* competitivo!

Um dos problemas de basear seus preços na concorrência é a relevância desses preços para sua empresa. Os cortes de preço promovidos por concorrentes agressivos que trabalham com produtos mais baratos talvez não tenham conseqüências a curto prazo em termos de participação de mercado para seus produtos, caso você trabalhe em outra faixa de preço. Portanto, esses cortes nos preços não devem afetá-lo. Como demonstramos no Capítulo 2, responder aos cortes de preços promovidos por concorrentes estabelecidos pode não ser uma boa idéia, pois pode gerar uma contra-resposta que desencadeará uma guerra de preços.

À medida que você se prepara para fazer um mapa da concorrência, como destacado no capítulo anterior, você vai precisar, obviamente, de algumas informações sobre a concorrência e terá de tomar decisões com base nessas informações. Mas você deve distinguir entre questões fundamentais sobre os pontos fortes e fracos do concorrente para completar o mapa, e a posição de sucumbir à tentação de permitir que os concorrentes orientem toda sua estratégia.

É natural que os gerentes fiquem obcecados em relação ao que os concorrentes estão fazendo. Eles se comportam como torcedores fanáticos que acompanham os resultados no campo do adversário enquanto o time disputa um jogo decisivo ou tenta se afastar do fracasso.

Mick Jagger, vocalista e líder dos Rolling Stones, disse uma vez que, se "o U2 e a Madonna custam US$ 100, você não quer que lhe cobrem US$ 200. Eu tento manter os preços dos ingressos dentro do mercado."[11] Nossa pergunta a *Sir* Mick é a seguinte: "Por quê?" Os assentos na primeira fila para os shows dos Rolling Stones no Fleet Center de Boston em 2002 foram vendidos por cambistas por várias centenas de dólares e algumas estações de rádio leiloaram os ingressos por bem mais de US$ 1 mil. A disposição para pagar mais pelos ingressos é enorme. Boa parte do público mais antigo que freqüenta os shows dos Stones tem renda suficiente para se dar ao luxo de participar desse tipo de ocasião especial.

O problema é que *Sir* Mick focou sua atenção na competição presumida, e não no que sua própria banda realmente merece. E se os fãs dos Rolling Stones não se importam com o preço dos ingressos dos shows da Madonna porque nunca iriam a um? E se a assessoria da Madonna cometeu um equívoco na última vez em que definiu os preços? Pior ainda, talvez ela tenha feito um julgamento errado como resposta a algo que os Stones ou Bruce Springsteen ou outra pessoa fizeram, que também seria um julgamento errado.

Tão logo um competidor dê um passo errado no *marketing*, todos os que seguirem essa tendência vão perpetuar e reforçar o erro, até que os preços não tenham mais nenhuma relação com o que os clientes querem pagar. Pense nas implicações do comentário de *Sir* Mick para seu próprio negócio.

Ao estabelecer preços com base nos preços da concorrência, são altas as chances de que a concorrência estabeleça os preços com base nos seus. Suas ações dependem do que você sente que a concorrência fez, ou pode fazer em seguida, e não no quanto seus clientes querem pagar. Os preços da concorrência são, sem sombra de dúvida, um impulsionador importante da vontade que seus clientes têm de pagar. É por isso que lhe é ainda mais importante não forçar os competidores a fazer alguma coisa afobada (por isso o mapa da concorrência). Quando ouvimos os gerentes explicarem como estabelecem o preço em relação aos preços da concorrência, imediatamente perguntamos como reagiriam se soubessem que o principal concorrente – naquele mesmo instante – estava discutindo os preços da mesma maneira.[12]

A moral da história é que, em mercados maduros, seus clientes vão lhe dizer tudo o que é importante sobre a concorrência e tudo sobre como você deve montar seu *mix* de *marketing* de forma lucrativa. É mais eficaz observar como os clientes se comportam do que como os próprios competidores se comportam. Embora você não deva negligenciar inteiramente a inteligência competitiva, você deve focar seus recursos nas informações sobre o cliente. Os Capítulos 4 e 5 vão lhe mostrar como pode conseguir melhores informações sobre os clientes.

Resumo

Os gerentes nos mercados maduros tendem a confiar em atalhos mentais quando tomam decisões, baseando-se em relatos informais e sabedoria convencional da indústria, e não em evidências objetivas e pressuposições baseadas em fatos. Como resultado, subestimam a importância e o valor do que fazem para seus clientes.

Talvez o maior e mais oneroso abuso de sabedoria convencional seja na precificação. Os atalhos mais comuns são precificação *cost-plus* e precificação baseada na concorrência. Superar estes e outros atalhos pode representar uma grande fonte de lucro adicional.

Os gerentes podem obter significativos lucros adicionais se fizerem as contas para entender como os preços que eles cobram afetam o lucro obtido. A curva de lucro (Figura 3.1) mostra que todos os produtos e serviços têm um preço no qual uma empresa atinge seu lucro máximo. Qualquer preço maior ou menor do que o ótimo lhe custará dinheiro. Não há exceções.

Se você não basear os preços em uma curva de lucro, o preço que você escolhe para o produto é, na melhor das hipóteses, uma suposição relativamente organizada e, na pior, um erro que poderia destruir de forma permanente a capacidade da sua empresa de realizar lucros. A alternativa, novamente, é permanecer focado no lucro e basear suas pressuposições e decisões de *marketing* nas evidências mais sólidas possíveis.

Você pode começar esse processo compreendendo e analisando os dados que já tem. O próximo capítulo apresenta o que você deve procurar.

CAPÍTULO 4

Use os Dados Internos para Encontrar Oportunidades de Lucro

As decisões matemáticas sempre vencem a opinião e o julgamento. O problema com a maioria das corporações é que elas tomam decisões baseadas em julgamentos quando seria possível tomar decisões baseadas em dados.
—Jeff Wilke, chefe de atendimento ao cliente, Amazon.com[1]

CONHECER O CLIENTE – suas preferências, seu comportamento de compra – pode ajudá-lo a tomar uma série de decisões baseadas em fatos, e não em sabedoria convencional. Este capítulo mostrará como analisar e interpretar os dados de que você já dispõe em sua empresa ou na cabeça. Você não precisa encomendar uma pesquisa todas as vezes que tiver uma dúvida sobre os clientes. Embora seus dados internos tenham limitações claras, eles podem dizer muito sobre o que seus clientes querem, o que fazem e como respondem às ameaças da concorrência.

Comece permitindo que os dados internos orientem suas decisões

John D. C. Little, professor na MIT Sloan School of Management, faz uma comparação entre dois tipos de dados: dados de status e dados de resposta.[2] Boa parte dos dados que as empresas podem resgatar em seus próprios bancos são *dados de status*. Isso inclui receita, vendas unitárias, custos variáveis, níveis de preço, estimativas de participação de mercado e tamanho do orçamento da propaganda. Dependendo do grau de transparência do mercado, uma empresa terá até muita informação sobre seus concorrentes.

A análise dos dados de status pode revelar as áreas em que você tem oportunidades de se diferenciar, redirecionar os recursos de vendas e *marketing* e, como resultado, lucrar mais. Mas os maiores ganhos em termos de lucro advêm da geração do que Little chamou de *dados de respostas*. Os dados de resposta incluem elasticidades de preço e eficácia da propaganda e das vendas. Esses dados sempre envolvem uma variável independente (causal) e uma variável dependente, representando a resposta ou o efeito. Comparações puras realizadas com o tempo, como a mudança na participação de mercado da sua empresa de ano para ano, não são dados de resposta, pois eles não oferecem idéias sobre o "porquê". Você só pode obter os dados de resposta com comparações dinâmicas (antes e depois) de seus dados de status e/ou resultados dos testes de mercado. Esses dados ajudam a fornecer a indicação mais precisa de onde você tem oportunidades para obter lucros adicionais.

No restante deste capítulo, vamos mostrar como usar seus dados internos para ter idéias sobre seus clientes, encontrar pontos de diferenciação em potencial, fazer alterações em seu *mix* de *marketing* e até quantificar o lucro incremental que você deve perseguir. Vamos nos focar, principalmente, nos dados relacionados ao cliente que já existem na sua empresa.

Use os dados de status para identificar as oportunidades de lucro

Por que nos importamos tanto com esses grupos de dados internos? A razão é simples. Ainda que a empresa seja muito lucrativa no todo, os gerentes que nela trabalham, freqüentemente, não têm certeza se ela poderia gerar mais lucro. Para chegar a essa conclusão e obter esse lucro extra, eles precisam entender se as centenas de decisões individuais que suas equipes tomam todos os anos são lucrativas – ou causam perdas, são inteligentes ou imprudentes, essenciais ou desnecessárias. Na Figura 4.1, analisamos mais de perto os tipos de dados de status e resposta que as empresas costumam ter.

Talvez você imagine que as empresas, especialmente as grandes, com departamentos de TI e departamentos de relações com o cliente, tenham um conjunto compacto e completo de dados de status para os gerentes trabalharem. Em um nível agregado, isso pode ser verdade. Mas tente recuperar os dados por clientes, regiões, produtos ou vendedores, e você vai se ver rapidamente frustrado.

Os dados de status que podem ajudá-lo a entender seus clientes raramente estão em uma forma fácil e acessível. A maioria de nossos projetos de consultoria começa ajudando os clientes a trazer os dados que eles têm para uma estrutura padrão. Quando os dados existem, geralmente os encontramos espalhados em muitos departamentos. Em algumas organizações, as pessoas que gerenciam os dados em departamentos diferentes raramente falam umas com as outras, e por razões muito boas. Elas têm

	Que informações estão disponíveis?	Com que rapidez?	Quem poderia analisar?
Dados de status	Volume, receita, preço, custo variável por ☐ Segmento do cliente? ☑ Grupo de produto? ☐ Região? ☑ Representante de vendas? ☐ _____	☐ Imediatamente disponível ☐ < 4 semanas ☑ 2-3 meses ☐ Exige novo sistema de software	☑ Analista financeiro ☐ Suporte de marketing ☐ _____
Dados de resposta	☑ Resposta de mudança do produto ☐ Resposta de preço ☑ Resposta de promoção/propaganda ☐ _____	cada – por segmento de cliente – por grupo de produto – por região	

Fonte: Simon-Kucher & Partners

FIGURA 4.1 Dados de status e resposta com que a maioria das empresas conta.

fidelidades diferentes, recebem pagamentos e recursos de orçamentos diferentes e têm objetivos e incentivos completamente diferentes. Como resultado, geralmente encontramos um dos seguintes obstáculos:

- *A empresa não tem exatamente o que precisa.* A boa notícia é que os dados geralmente estão lá... mais ou menos. Eles não existem no nível de detalhamento necessário para fazer análises relevantes. Você encontra agregados e médias, mas nenhum desdobramento detalhado por produtos, clientes ou equipes de vendas. Isso deixa espaço para a subjetividade, a intuição e a experiência preencherem as lacunas que os dados deveriam preencher.

- *A empresa pode conseguir os dados, mas vai demorar um pouco.* Em geral, levam semanas ou até mesmo meses para as empresas reunirem os dados em um único lugar. Quando pedimos para um fabricante de artigos domésticos fornecer dados sobre os preços do atacado e do varejo em cinco países europeus e nos Estados Unidos, foram precisos três meses para conciliar os dados.

Com uma estrutura de formulários padrão, você pode aproveitar a equipe para se certificar de que o conjunto de dados permanece atualizado e também para analisá-los. Até mesmo as empresas com softwares de gestão integrada lutam com essa tarefa aparentemente simples. Isso cria um nicho para os fornecedores de software que consolidam os dados atuais de formas significativas e flexíveis.

Uma empresa, que chamaremos aqui de Northlight Sanitation (Northsan), realizou as tarefas que descrevemos antes e depois colocou esses dados em uso. Embora as análises dos dados de status não sejam tão reveladoras quanto as análises dos dados de resposta (que explicaremos na próxima seção), a Northsan, não obstante, usou seus dados de status para expor uma fonte recente de lucros em potencial.

ESTUDO DE CASO

Problema: entender a receita e o lucro por vendedor

Empresa: Northlight Sanitation
Produto: acessórios para cozinha e banheiro
Fonte: projeto da Simon-Kucher & Partners

A Northsan fabrica e vende uma variedade de acessórios para cozinha e banheiro. A empresa usou uma análise simples mas eficaz para obter lucros extras em sua organização, depois que descobriu um jeito de reunir os dados de uma forma útil.[3]

Posicionada entre as líderes de mercado, a Northsan contava com uma grande equipe de vendas, que vendia para atacadistas e diretamente para os empreiteiros. A empresa dava uma considerável autonomia para os vendedores, permitindo negociar preços, condições e prazos. A alta administração sentia que essa abordagem ajudava a empresa a fechar e manter negócios importantes em um mercado altamente competitivo. Historicamente, a Northsan só teve capacidades limitadas de decompor as informações no nível dos vendedores. Além da avaliação da receita, ela não tinha como comparar facilmente o desempenho de um vendedor diretamente com o de outro. Os vendedores poderiam argumentar – corretamente – que a concorrência, os tipos de clientes e o portfólio de produtos que a Northsan disponibiliza diferem de região para região. Mas a empresa esperava que essas diferenças fossem suaves o suficiente para que não distorcessem o panorama geral. Ela nunca se preocupou em ir mais fundo na questão.

Depois que a Northsan consolidou os dados em uma estrutura comum, ela começou a examinar as diferenças. Na Figura 4.2 você verá um dos primeiros relatórios que a empresa gerou, mostrando a métrica usual e as vendas líquidas da Northsan para 20 vendedores selecionados. Agora, no entanto, a Northsan também poderia determinar a margem de contribuição que cada vendedor obtém.

Observe que um vendedor (identificado como A2704) gera apenas US$ 900 mil em vendas, mas a margem de contribuição nessas vendas é de 5,9%. Em contraste, as vendas realizadas pelo A1725 foram de apenas US$ 785 mil, mas com uma margem de contribuição muito maior, de 23%. Os dois casos aparecem circulados na Figura 4.2.

Vendedor	Receita por vendedor	Margem de contribuição
A0071	US$ 1.750.127	9,7%
A2723	US$ 1.701.336	5,3%
A3010	US$ 1.452.975	10,0%
A0602	US$ 1.317.975	10,2%
A2761	US$ 1.276.251	6,3%
A0109	US$ 1.274.088	9,6%
A2697	US$ 1.087.099	7,3%
A0107	US$ 1.038.523	9,8%
A1506	US$ 1.002.236	9,5%
A2704	(US$ 900.044)	(5,9%)
A0365	US$ 886.176	6,7%
A0323	US$ 870.473	6,0%
A1561	US$ 865.473	7,5%
A1600	US$ 806.065	10,1%
A1725	(US$ 785.291)	(23,0%)
A1461	US$ 756.569	9,7%
A1505	US$ 738.686	8,0%
A2767	US$ 727.472	6,4%
A0260	US$ 709.873	10,3%
A1604	US$ 707.009	14,8%

Fonte: Projeto da Simon-Kucher & Partners

FIGURA 4.2 Desempenho dos vendedores da Northsan.

Embora a Northsan já conhecesse as diferenças no desempenho das vendas e as conseqüentes comissões sobre vendas que pagava, o quadro de margem/lucro era uma surpresa. Ninguém esperava que as margens de contribuição geradas pelos vendedores variassem tanto. Os antigos argumentos sobre as diferenças regionais e as circunstâncias especiais não poderiam explicar o fato de que as margens de contribuição que os vendedores geravam diferiam tanto, chegando a cinco vezes. A nova hipótese era que os representantes de vendas com as menores margens de contribuição ou agiam de forma muito agressiva no mercado ou colocavam pouca ou nenhuma resistência às demandas do cliente.

Em vez de interpretar os dados literalmente, a Northsan decidiu investigar ainda mais para entender por que alguns dos antigos "astros" da organização (em termos de receita) não geravam mais lucro. A empresa entrevistou os representantes de vendas, acompanhou alguns deles em visitações e manteve discussões de acompanhamento com alguns clientes.

O resultado da análise adicional foi assombrosamente claro. A empresa tinha dois tipos de representantes de vendas. Um tipo poderia articular bem a proposta de valor da Northsan e manter as bases quando os clientes buscassem preços menores. O outro grupo tentava aumentar as vendas de forma regular e ativa oferecendo preços menores e descontos generosos ou incentivando os clientes a trocar para produtos de margens menores. Eles vendiam o máximo de produtos, mas com uma clara indiferença pelos lucros da empresa.

A Northsan adotou dois procedimentos para corrigir o problema: restringiu, deslocou ou dispensou os vendedores que buscavam apenas volume. Também ajustou seu sistema de incentivo para recompensar a contribuição, mais do que as vendas unitárias. Essas medidas aumentaram o retorno sobre as vendas da Northsan de 11,6% para quase 14%. Essa melhoria encontra-se em sintonia com o percentual que mencionamos no Capítulo 1. Dissemos que as empresas têm um amplo potencial de lucro – equivalente a um número entre 1% e 3% da receita anual – obscuros nos departamentos de vendas e *marketing*.

Sem enxergar bem os seus dados de status, a Northsan continuaria a recompensar os vendedores de grandes volumes pela destruição dos lucros da empresa. Sem interpretar os novos dados, ela teria culpado os transgressores sem uma compreensão mais clara do que estava realmente ocorrendo. Neste caso, o sistema de incentivos da empresa tinha realmente incentivado e reforçado o comportamento observado. É difícil culpar um vendedor por obter o nível de desempenho pelo qual ele é pago para atingir. Discutiremos os incentivos à equipe de vendas em mais detalhes no Capítulo 9.

Gere os dados de resposta para quantificar suas oportunidades de lucro

O sucesso do seu produto – o quanto você consegue vender – não pode ser separado do quanto você cobra (preço) e do quanto você investe (outras iniciativas de *marketing*). A tentativa de estabelecer qualquer tipo de meta de venda, idealizar uma resposta a uma ameaça competitiva ou alterar sua abordagem de *marketing* não faz sentido sem uma clara compreensão do impacto do preço e do investimento de *marketing*. Para conseguir essa compreensão, você precisa de dados de resposta.

Poucas empresas, se é que alguma, têm dados de resposta prontamente disponíveis. A falta de poder computacional, no entanto, não explica por que as empresas ainda não desenvolveram o tipo de banco de dados que pode aprimorar o processo de tomada de decisão. Como afirma um artigo sobre o tema, "a maioria dos fabricantes gastam muito dinheiro nos dados de vendas de produtos, mas ainda não conseguem determinar os efeitos das mudanças nos preços, nos recursos ou nos displays de vendas".[4] A melhor explicação é que as empresas prefeririam se basear em atalhos, relatos pessoais, sabedoria convencional, dados agregados e pressentimentos para tomar suas decisões a fazer o investimento mental adicional necessário para desvelar e entender esses efeitos. A maioria dessas empresas têm a capacidade de agir, mas não o desejo.

Você pode gerar os dados de resposta de duas maneiras: ou pode fazer estimativas baseadas nos dados históricos, ou pode fazer pesquisas diretas junto aos clientes. Vamos discutir a primeira opção agora e a segunda, no próximo capítulo.

Quando as empresas preferem produzir dados de resposta com base em seus próprios dados históricos, elas raramente conseguem fazer isso com análises simples ou padronizadas. Os fornecedores de softwares de planejamento de demanda, como PROS Revenue Management, Zilliant ou Rapt, tentaram preencher esse vazio oferecendo ferramentas que facilitam a coleta e a análise de dados situacionais, e a conseqüente geração de dados de resposta, de uma forma sistemática. Mas não se engane – o valor principal desses softwares é que eles o ajudam a compilar e transformar os dados, mas nunca vão substituir inteiramente a sua decisão. Nem vão fornecer idéias mecânicas, as quais basta pressionar um botão para obter. Temos, no entanto, que analisar uma ferramenta eletrônica que realmente automatizaria o processo de tomada de decisão.

A cadeia varejista de roupas Casual Male, com sede nos EUA, analisou seu histórico de dados para determinar o tempo perfeito para oferecer descontos em itens da moda. A sabedoria convencional determinava que as lojas de varejo deveriam cortar os preços das roupas de banho logo depois do final de semana de 4 de julho, data da independência norte-americana.

Steven Schwartz, vice-presidente de planejamento da Casual Male, disse que a empresa costumava "não ter idéia se obteríamos uma melhor margem escolhendo um item em relação a outro".[5] Ele utilizou ferramentas de precificação baseadas na Web para analisar os dados de vendas da rede em todo o território americano e identificou variações regionais significativas nos ciclos de vendas. As margens brutas da rede subiram 25% nos nove meses seguintes, graças, em parte, ao novo sistema de precificação.[6]

Um ganho de 25% nas margens brutas representou um enorme lucro adicional para a Casual Male. Mas a orientação fornecida por esse grande processamento de dados é incompleta. Ele não leva em conta as reações em potencial da concorrência, nem lhe permite estimar o efeito das variações de produto e serviço que você não ofereceu. O software da Casual Male poderia ajudar a calcular a resposta e as elasticidades em termos de preço, mas não poderia ajudar a loja a inferir se um concorrente continuaria a seguir a sabedoria convencional (um preço menor em todo o país) ou imitar a abordagem da Casual Male, em parte ou no todo. Da mesma forma, caso a Casual Male só vendesse roupas de banho azuis, o modelo não poderia prever o que aconteceria se ela lançasse roupas vermelhas em certas regiões, pois não havia dados sobre trajes vermelhos de banho.

Determinar a reação da concorrência ou o efeito das variações de produtos com dados internos exige que busquemos um julgamento especializado. Você deve reunir a equipe mais experiente e reconhecida de *marketing*, das vendas, do atendimento ao cliente e do desenvolvimento de produto, e utilizar uma abordagem estruturada para explorar suas pressuposições sobre como os clientes responderiam a certas mudanças em seu *mix* de *marketing*. Então você quantifica as pressuposições deles. O próximo caso mostra como realizar uma análise assim, passo a passo.

ESTUDO DE CASO

Problema: Como se defender de uma ameaça competitiva

Empresa: Cortez Chemical
Produto: sabões e detergentes
Fonte: projeto da Simon-Kucher & Partners

A Cortez Chemical, fabricante diversificada e altamente lucrativa, era líder de mercado em produtos de limpeza usados em fábricas e lojas de todo o mundo. A empresa descobriu que um de seus produtos mais importantes de uma unidade de negócios estava sendo ameaçado por importações chinesas.[7] Uma empresa chinesa vendia com preços 50% abaixo do que a empresa cobrava pelos produtos de marca. Tivesse o mercado demonstrado um forte crescimento, a empresa talvez tivesse se preocupado menos. Mas ela pressentira havia muito que a demanda tinha diminuído. O mercado tinha amadurecido.

Os produtos da Cortez tinham como base uma tecnologia de 25 anos e não havia produtos novos sendo desenvolvidos. A Cortez não poderia inovar para resolver o problema, ao menos não no período de dois anos. À luz dessa restrição, Judith S., gerente da unidade de negócios, nos procurou com o seguinte desafio: "Ajude-me a proteger minha participação de mercado e minhas margens calculando o quanto eu devo cortar os preços para me defender dessa ameaça". O corte nos preços parecia não apenas intuitivamente legítimo, como também fácil de implementar, argumentava ela. O momento e o apoio político para a idéia tinham começado a se desenvolver.

Judith não perguntou se ela deveria cortar os preços, mas *quanto* ela deveria reduzi-los. Sugerimos que ela contivesse a vontade de agir e, em vez disso, recuasse um pouco para reexaminar a situação. Pedimos que ela fizesse o seguinte:

- *Selecionar o tipo de preço que realmente era a base para a determinação do seu lucro.* O preço apropriado a ser considerado no caso dela era o preço líquido médio de venda (ANSP – *average net selling price*) aos distribuidores. Tanto em termos legais quanto em termos práticos, ela não tinha controle sobre o "preço de rua", ou seja, o preço pelo qual os distribuidores vendiam os produtos para os clientes finais.

- *Escolher um ponto de preço realista acima do nível atual de ANSP e um preço realista abaixo disso.* No caso de Judith, o ponto de preço menor que ela selecionou correspondia ao ANSP antes de um aumento de preço que ela havia implementado no ano anterior. O preço maior correspondia a um aumento de preço que o vice-presidente da divisão dela havia pedido para ela considerar no próximo ano fiscal. Teoricamente, ela poderia ter escolhido qualquer preço acima e abaixo. Mas a tarefa fazia mais sentido para ela relacionando-os a dois níveis de preço com os quais ela e a equipe estavam familiarizadas.

- *Estimar o volume de vendas esperado para cada um dos preços.* Pedimos para ela estimar como o volume de vendas variaria se ela realmente aumentasse ou reduzisse os preços em relação aos níveis definidos anteriormente.

- *Estimar como os principais competidores mudariam seus preços em resposta a cada um dos pontos de preço.* Se ela reduzisse, como os novos concorrentes chineses responderiam? E como os outros competidores responderiam? Quem acompanharia, e quem manteria os preços constantes em detrimento da participação de mercado?

- *Repetir essas etapas para quatro alternativas de preços mais baixos.*

Inicialmente, Judith repeliu as duas tarefas finais, pois sentiu que as respostas que ela daria seriam apenas idéias vagas. Mas, na realidade, ela – como seus pares em qualquer empresa – já tinha esses números na cabeça. Quando planejou a produção para o próximo ano, analisou as vendas unitárias do ano anterior ou pensou em por que um corte de preço poderia ser vantajoso, o que indicava que ela já tinha feito estimativas semelhantes. Tudo que tínhamos pedido para ela era alinhar tudo em uma única coluna. A Figura 4.3 mostra os resultados do trabalho dela.

À primeira vista, essa planilha parece sustentar o ponto de vista de Judith. A receita atual dela (volume × preço) é de US$ 50 milhões, ou 100 milhões de unidades a US$ 0,50. (Simplificamos todos os números da receita para fins ilustrativos.) Se ela cortasse os preços pela metade, impulsionaria a receita para US$ 62,5 milhões, ou 250 milhões de unidades a US$ 0,25 cada. Mas dê uma olhada mais de perto na avaliação que ela fez de como os competidores responderiam. Devido à sua própria experiência industrial e a consultas feitas com os colegas, ela pensou que seus principais competidores acompanhariam os cortes por ela promovidos e, em alguns casos, os superariam. Isso significava que, em alguns casos, os produtos de Judith ficariam mais caros – em relação à concorrência – do que atualmente são. Quando ela fez as contas, percebeu imediatamente que essas reações acabariam com os ganhos esperados por volume e a deixariam com um volume semelhante ao de hoje, mas com um preço muito menor. Esta é a conseqüência fundamental e perigosa da reação competitiva a que tantas empresas fazem vista grossa. Os competidores podem e geralmente vão responder, neutralizando qualquer ganho que você venha a obter.

Juntamos esses efeitos na Figura 4.4. Indexamos a receita definindo a receita atual de Judith em 100. Observe a diferença nos dois gráficos. Os ganhos de receita que uma diminuição dos preços prometeria para ela no papel (sem reação competitiva) se transformariam, na verdade, em perdas de receitas se ela levasse em consideração a reação antecipada da concorrência. Ela poderia perceber que, neste caso em particular, defender a participação de mercado cortando preços seria algo autodestrutivo. Como

Análise da resposta de preço

Produto: ▓▓▓▓▓▓▓▓▓▓
Nome: __Judith__

Estimativa de preço/resposta

Preço	US$	0,25	0,30	0,35	0,40	0,45	0,5 (Hoje)	0,55
Vendas	Unids. (Index)	250	200	180	~~145~~ 160	135	100	80

Estimativa de preço/reação

Competidores	Preço atual	Participação de mercado das vendas atuais	Reação esperada de preço depois dos preços correspondentes como mencionado acima						
1 ▓▓▓	$0,45	20%	0,22	0,27	0,32	0,36	0,41	(Atual)	0,52
2 ▓▓▓	$0,38	5%	0,20	0,25	0,30	0,33	0,35		0,38
3 CHINA!	$0,25	10%	0,13	0,14	0,18	0,2	0,23		0,25
4									
5									

Fonte: Simon-Kucher & Partners

FIGURA 4.3 O que Judith preencheu no exercício.

estava convencida de que a empresa chinesa responderia à altura cada mudança nos preços, e com isso assumiu que os outros competidores fariam o mesmo, a pequena fatia do mercado que ela poderia defender ou obter não justificaria o dinheiro que perderia.

Um ano depois, ficou claro que as importações chinesas só eram atraentes para um pequeno subsegmento de distribuidores e para seus clientes, que se preocupavam muito com o preço. Problemas de qualidade e atrasos no envio também limitavam esse apelo.

A maior parte do mercado continuava sem conhecer esses produtos inteiramente, ou não queria abandonar sua relação com a equipe de Judith. A ameaça pode ter parecido significativa, mas foi mínima quando avaliada em relação ao que, no final, conta: o comportamento do cliente.

Esse resultado ratificou a decisão dela de deixar os preços estáveis e evitar uma guerra de preços onerosa. O método do julgamento especializado mostrou a ela, com seus próprios dados e em seus próprios termos, que nenhuma resposta era, de longe, a melhor alternativa.

Você pode usar as mesmas etapas com seus próprios produtos para quantificar rapidamente quanto certas decisões vão lhe custar ou lhe render. Essa abordagem também tem um efeito colateral agradável. Se envolver uma equipe maior a partir de funções diferentes em sua empresa, você vai ver o que acontece quando cada participante colocar suas pressuposições. As diferenças nas estimativas das pessoas e em suas lógicas são importantes como fator de observação e discussão. Fazendo esse exercício, as pessoas expõem suas pressuposições a um desafio muito necessário. A discussão

Curva de receita de Judith S.

Antes... ...*e depois* da reação da concorrência

Preço atual por unidade	Índice de receita (Antes)	Índice de receita (Depois)
US$0,35	126	78
US$0,40	128	83
US$0,45	122	95
US$0,50	100	100
US$0,55	88	112

Fonte: Simon-Kucher & Partners project

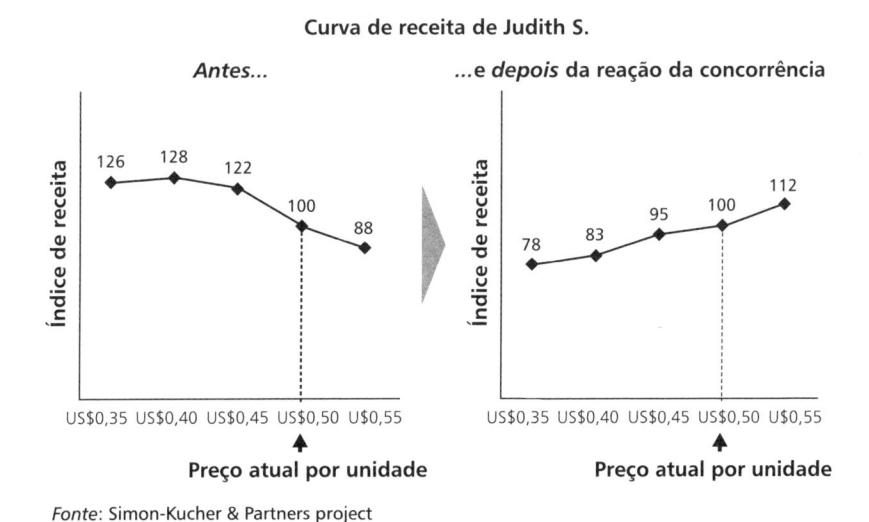

FIGURA 4.4 As curvas de receita baseadas no que Judith preencheu.

mantém uma boa direção quando você permitir que os lucros decidam quem tem a melhor resposta, a fim de garantir a objetividade.

Nós e nossos colegas realizamos esses tipos de exercício centenas de vezes com empresas do mundo todo, e em geral constatamos que a maioria dos preços das empresas era muito baixo. Daí que a maioria das empresas têm lucros adicionais a obter através do preço e unicamente através do preço. O Capítulo 7 mostra, em detalhes, como as empresas conseguiram fazer isso.

Mas não deixe que a generalização de que todas as empresas podem e devem subir os preços degenerem e se transformem em um brusco princípio básico. Você deve avaliar seu próprio caso, usando as idéias e os métodos deste livro. É por isso que não faremos afirmações generalizantes do tipo "85% de todas as empresas têm preços que são muito baixos". Elas podem soar muito convincentes e significativas, mas, no final, a única maneira de descobrir se você se encontra na maioria ou na minoria é dar uma olhada objetiva, completa e orientada ao lucro em toda sua empresa. Preferimos que você faça isso a agir com base em especulações.

A empresa do próximo caso, a Kent Molding, utilizou o julgamento especializado para ajustar seus preços em certos segmentos. Eles descobriram que, em alguns casos, os preços praticados eram realmente muito altos. Sabendo disso, eles conseguiram realizar o truque raro de aumentar os lucros em um mercado maduro baixando seus preços.

ESTUDO DE CASO

Problema: quais clientes têm o mais alto potencial de lucro?

Empresa: Kent Molding
Produto: serviços de moldagem por injeção
Fonte: projeto da Simon-Kucher & Partners

Uma empresa menor, a Kent Molding, adotou uma abordagem semelhante à da Cortez, uma vez que tinha acesso a melhores informações sobre os clientes e sobre a lucratividade.[8] Sendo uma prestadora de serviços de moldagem de injeção plástica, a Kent trabalhava principalmente com fabricantes de alimentos e produtos de beleza. Seu maior cliente era responsável por US$ 10 milhões em vendas anuais, enquanto os clientes menores típicos eram responsáveis por um milhão. A empresa historicamente tinha um sistema de informações limitado. Os relatórios nunca se aprofundavam nas vendas por cliente. Depois que a Kent alocou com precisão os custos aos clientes individuais e determinou a contribuição de lucro gerada por cada um, começou a perceber os mesmos tipos de discrepância que a Northsan observou no caso anterior deste capítulo.

A margem de contribuição da Kent, com seu terceiro maior cliente, ficou em apenas 10,5%; o oitavo maior cliente da empresa, no entanto, tinha uma margem de contribuição de 48,9%, o que significava que havia gerado mais de US$ 1,5 milhão por ano em contribuição para a Kent. Esse valor, em termos absolutos, supera em muito o dinheiro que a Kent ganhou com clientes grandes supostamente "mais atrativos".

A estrutura de custo da Kent tinha pouco a ver com essas enormes discrepâncias que resultaram em grandes diferenças de preços e descontos para os diferentes clientes. As informações sobre os lucros específicos dos clientes deram à Kent o conhecimento que faltava para recalibrar toda sua abordagem de escolha dos clientes e vendas. A Kent conseguiria identificar agora os clientes que não haviam pago um preço adequado aos serviços e o suporte que recebiam. Ela também conseguiria ver quais clientes poderiam ter comprado mais com preços menores e, ao mesmo tempo, aumentado a lucratividade.

Nos clientes com as margens de contribuição mais baixas, a Kent planejava aumentar os preços e eliminar certos descontos para sintonizar esses clientes com o resto do mercado. Se desertassem, tudo bem. Outros clientes também receberiam preços menores diretamente, ou, na maioria dos casos, veriam o mesmo preço, mas com um aumento na atenção da equipe e dos técnicos de atendimento ao cliente. Os níveis de serviço se tornaram um diferenciador poderoso para que a Kent impedisse que esses clientes trocassem de empresa e sustentasse os níveis de preço mais altos.

Confiando nos dados de resposta gerados através de um julgamento especializado, a Kent transformou a teoria em ação. Aumentou de fato os preços em todos os níveis, para os clientes com as menores margens de contribuição. A Kent já tinha uma expectativa em relação ao comportamento dos clientes, sabia qual seria a queda e que alguns clientes iriam para a concorrência. As vendas para um cliente caíram significativamente, e outra realmente mudou de fornecedor. A Kent não apenas se tornava mais lucrativa: ela também poderia realocar os recursos que o cliente costumava utilizar.

Depois de fazer essa recalibragem, a Kent teve um crescimento na receita de 4,5%, de US$ 67 milhões para US$ 70 milhões. O lucro bruto aumentou 5,7%, de US$ 24,4 milhões para US$ 25,8 milhões. Não é pouca coisa, especialmente para uma pequena empresa. Tivesse a Kent tentado obter os mesmos ganhos com o corte de custos, ela teria precisado eliminar cerca de 25 postos de trabalho, ou 10% de sua equipe. Além disso, a empresa obteve essas melhorias nas vendas e nos lucros em apenas seis meses, com pouco atrito interno e investimento mínimo. A alta administração fez um investimento mental, e não um investimento para perder. As mesmas mudanças em termos de custos teriam tido sérias repercussões no estado de espírito da empresa. Os lucros a curto prazo também teriam diminuido à medida que a empresa implantasse planos de contenção de custos.

Resumo

Seus dados internos sobre vendas, volumes, lucros e custos são uma fonte valiosa de informações para ajudá-lo a desenvolver pressupostos melhores e tomar decisões que aumentarão os lucros. Esses dados se enquadram em duas categorias: dados de situação e dados de resposta.

Os dados de situação informam sobre os fatos ocorridos: o quanto você vendeu, para quem e assim por diante. Quanto melhor você conseguir dividir os dados, mais úteis eles se tornarão. Análises diretas, como aquelas que a Northsan e a Kent Molding realizaram, podem revelar onde você obtém a maior parte dos lucros e qual participação de mercado você pode se dar ao luxo de abrir mão.

Os dados de resposta fornecem informações sobre "o que aconteceria se?". Incluem a elasticidade dos preços e a eficácia promocional, que lhe permitem compreender a dinâmica do seu mercado e a prever o comportamento do cliente.

Você pode usar uma ferramenta chamada julgamento especializado para aumentar os dados internos e gerar curvas de demanda e os gráficos de lucratividade. Estes, por sua vez, o ajudam a entender como tomar decisões lucrativas de *marketing* de forma confiável. Usando essa ferramenta, os gerentes podem decidir melhor como escolher as melhores batalhas e até que ponto devem retaliar quando ameaçados.

Os dados internos podem fornecer várias novas idéias, mas você vai precisar obter dados diretamente dos clientes para testar hipóteses mais sofisticadas. O próximo capítulo descreve essas hipóteses e mostra como testá-las.

CAPÍTULO 5

Mostrando as Preferências e a Disposição para Pagar

O argumento principal de James era: não seja um macaco! Pense em si mesmo em termos racionais. Crie hipóteses, teste as evidências, nunca aceite que uma pergunta foi respondida, ou que um dia ela será.
– Michael Lewis, descrevendo o pioneiro comentarista
de beisebol Bill James, em seu *best-seller*, *Moneyball*.[1]

AO TIRAR CONCLUSÕES DE SEUS DADOS INTERNOS, como discutimos no capítulo anterior, você encontra três limitações. Em primeiro lugar, você pode analisar apenas o comportamento passado, o que significa usar o passado para prever o futuro. Em segundo lugar, você não terá como avaliar as possíveis reações competitivas naqueles casos que teriam um efeito significativo sobre o comportamento dos clientes e, portanto, sobre seu lucro. Em terceiro lugar, essas análises geralmente só fazem sentido se você tem um grande conjunto de dados.

Certifique-se de que a pesquisa do seu cliente é orientada à hipótese e tem foco

Devido a essas limitações, os dados existentes não vão ajudá-lo a responder a todas as perguntas relacionadas ao mercado. Da mesma forma, você terá hipóteses que pode testar diretamente apenas no mercado com os clientes. Se pensa em acrescentar um novo recurso ao produto ou quiser saber quanto certo serviço vale para os clientes, ou como convencer os clientes a mudar a forma como tomam suas decisões de compra, você vai precisar tirar conclusões de uma variedade mais ampla de opções de pesquisa. Cada um dos métodos mostrados na Figura 5.1 é uma forma válida, econômica e

++ = Ótimo... + = Médio... 0 = Limitado... abordagem para visualizar oportunidade de lucro		Fontes				
		Interna			Externa	
		Dados históricos	Especialistas da empresa	Força de vendas	Clientes individuais	Muitos clientes (>30 por segmento)
Direcional	Entrevistas em profundidade		0	+	++	
	Workshops com os especialistas		++	+		
	Grupos de foco				0	
Quantitativo	Questionário estruturado			++		+
	Análise estatística	++		0		
	Modelagem de escolhas					++
	Testes de mercado				0	++

Fonte: Simon-Kucher & Partners

FIGURA 5.1 Aplicações adequadas de várias abordagens de pesquisa.

direta de estimar as respostas do cliente, testar as hipóteses ou ter idéias adicionais sobre o comportamento do cliente. Ele pode ajudá-lo a responder perguntas como:

- Por que os clientes de alto volume compram tanto?
- Quão estável é seu relacionamento com eles?
- Por que certos clientes não compram mais?
- Que combinações de mudanças – produtos ou serviços diferentes, melhor comunicação, outros incentivos – vão estimular os pequenos clientes a comprar mais ou os grandes clientes a gerarem mais lucros?

Independentemente de como você faz uma pesquisa externa, recomendamos que use pelo menos dois métodos. Assim será possível cruzar os resultados, ou porque um método gerou resultados surpreendentes ou suspeitos ou porque precisa de evidências suplementares para chegar às conclusões. É comum surgirem complicações quando você está fazendo uma pesquisa junto ao cliente; na maioria dos casos, essas complicações tendem a aparecer apenas depois que você concluiu a coleta e começou a analisar os dados. Nesse caso, os dados fornecidos por métodos e fontes adicionais ajudam a esclarecer os resultados.

Para mostrar como isso funciona em detalhes, vamos comparar quatro casos distintos, escolhidos porque neles os gerentes envolvidos enfrentam desafios opostos em mercados que têm estruturas muito diferentes.

O primeiro caso diz respeito a uma empresa que usa um catálogo para vender produtos de entretenimento de baixo envolvimento para milhões de clientes individuais. O segundo envolve uma divisão de uma empresa que fornece pigmentos para várias centenas de empresas industriais, muitas delas têm sofisticados departamentos de compra. O terceiro caso mostra como um distribuidor de aproximadamente 40 mil produtos industriais reduziu a complexidade para permitir que os vendedores avaliassem a sensibilidade dos clientes ao preço e tomassem as decisões de acordo. O quarto mostra como as empresas muito grandes – neste caso, uma montadora – abordam a questão da pesquisa sobre clientes quando a diferença entre o lucro bom e o pico de lucro poderia ultrapassar facilmente a casa de US$ 1 bilhão no período de existência do produto.

ESTUDO DE CASO

Problema: testar se certas mudanças de *marketing* aumentariam os lucros

Empresa: Bedrock Entertainment
Produto: brinquedos, jogos e produtos educacionais
Fonte: projeto da Simon-Kucher & Partners

Os gerentes de produto e *marketing* desenvolveram várias hipóteses que poderiam gerar lucros adicionais.[2] Eram três as as alternativas: eles poderiam diferenciar a oferta do produto por segmento de cliente; poderiam cobrar taxas de envio para certos produtos e poderiam comunicar melhor o valor do produto no catálogo para estimular as vendas.

Seguindo a linha de raciocínio do Capítulo 4, começamos com uma análise estatística do histórico de dados. Como você pode imaginar, uma empresa que realiza venda por correio tem bancos de dados complexos e gigantescos. Mas, como também é de se esperar, depois de ler o capítulo anterior, a tarefa de consolidar esses dados em um banco de dados útil levou muito mais tempo do que a empresa previra. Nós precisávamos de quatro semanas para combinar dados de preços líquidos e volumes de vendas por produto em um conjunto.

Uma série de análises de *clusters* permitiu confirmar a primeira hipótese do projeto. A Bedrock tinha quatro segmentos distintos de clientes, cada um com padrões diferentes de compras e disposição de pagar. As equipes de produto desenvolveram novas ofertas para cada segmento, que depois foram testadas em larga escala para coletar os dados de resposta. (Analisamos os ajustes de produto e segmentação em detalhes no Capítulo 6.)

No entanto, os dados históricos podem revelar apenas uma parte. Não conseguíamos dar conta das outras hipóteses usando os dados internos. Esses dados não poderiam nos dizer se os clientes aceitariam taxas de envio e manuseio sobre certos produtos, nem poderiam mostrar como os clientes responderiam a uma melhor comunicação. Para testar essas hipóteses, seriam necessários dados de respostas, os quais, neste caso, deveriam ser obtidos por pesquisa primária.

A idéia de uma taxa de envio gerou muita controvérsia entre os principais gerentes da Bedrock. Os proponentes diziam que os clientes mal perceberiam a taxa nominal e apreciariam a lógica por trás dela. Se a maioria das empresas já cobrava pelo envio, a Bedrock também deveria cobrar.

Os oponentes contra-argumentavam que a taxa "acabaria com o negócio", pois violaria um pacto não-escrito entre a empresa e os clientes. Uma empresa construída com base no envio gratuito pareceria mercenária e gananciosa se começasse a cobrar uma taxa de envio, não importando se fosse pequena ou estivesse escondida no formulário de pedido.

Quem você acha que está correto?

Felizmente, ambos os lados concordaram em resolver o assunto com base na opinião do cliente. A Bedrock realizaria um teste de mercado controlado. Do ponto de vista mecânico, testar a taxa de envio seria fácil. A empresa poderia fazer um teste controlado, de baixo custo, fazendo alterações mínimas nos próximos catálogos. Apesar dessa simplicidade superficial, o sucesso do experimento dependia de três fatores: obter apoio explícito da administração ao experimento; definir o grupo de controle e definir uma forma de medir e interpretar os resultados.

Todos os interessados precisam apoiar explicitamente qualquer projeto de pesquisa que você desenvolve com o cliente. Você corre um grande risco com qualquer pesquisa ou teste de mercado se alguém decidir questionar posteriormente a concepção, porque os resultados não foram favoráveis. Conseguir aprovação prévia minimiza esse risco, permitindo que você invista mais tempo discutindo e interpretando os resultados quando a pesquisa é realizada, em vez de ficar brigando sobre as metodologias.

A segunda etapa é definir o grupo de controle. Ao realizar um teste de mercado, você deve comparar os resultados de seu grupo de testes com aqueles do grupo de controle. Os dois grupos devem ter a mesma composição. Comparar um grupo de teste de clientes de Dakota do Norte com um grupo de controle da Califórnia não faria o menor sentido, pois não é possível distinguir se o teste explica as diferenças em resultados entre os grupos de teste e controle, ou outros fatores também desempenham alguma função.

Por fim, você precisa de unanimidade sobre como medir e interpretar os resultados de teste. Neste caso, definimos duas métricas facilmente observáveis. Compararíamos os números dos pedidos em cada grupo e o número de itens por pedido. Como as métricas no grupo de teste poderiam ser maiores, menores ou iguais às do grupo de controle, o teste teria nove resultados possíveis. Por exemplo, se os pedidos e itens por pedido fossem iguais ou maiores no grupo de teste, indicaria que a taxa de envio passou despercebida pela tela de radar dos clientes. Eles pareciam não se importar, e a empresa teria um lucro incremental porque a taxa de envio era uma receita extra em cada pedido. (Os custos, obviamente, seriam os mesmos, pois a Bedrock precisava enviar os itens de qualquer forma.) Se uma das métricas fosse menor no grupo de teste, indicaria alguma forma de resistência à idéia. As pessoas não quiseram fazer pedidos ou encomendaram menos itens.

Tenha em mente que um experimento em uma pequena seção do mercado não pode produzir conclusões sobre a possível reação da concorrência. O teste ou vai passar despercebido ou será visto como um experimento que não garante uma reação. Softwares de otimização de preços, que "introduzem" variação de preço através de experimentos no mercado, são, portanto, uma ferramenta muito perigosa: os resultados do teste com o software podem sugerir que você deveria reduzir preços. Mas, se cortar preços em todo o país – uma decisão que nenhum competidor poderia interpretar como "apenas um experimento" – você inevitavelmente forçaria a concorrência a reagir.

A Bedrock testou a idéia do envio em duas edições sucessivas do catálogo porque obter um resultado objetivo e repetível reforçaria as conclusões do primeiro teste. O segundo teste forneceu de fato essa confirmação. As métricas eram menores para o grupo de teste do que para o grupo de controle a cada vez. A idéia de introduzir uma taxa de envio morreu. Tanto oponentes quanto proponentes emitiram um suspiro de alívio, sabendo que a evidência objetiva do teste de mercado tinha acabado de impedir a Bedrock de usar o pressentimento para tomar uma decisão que acarretaria a perda de milhões de dólares em lucros, caso a suposição provasse ser equivocada.

A hipótese final tentava descobrir se uma melhor comunicação aumentaria as vendas. Testar essa hipótese no mercado teria gerado muito menos controvérsia, mas teria apresentado maiores desafios mecânicos e exigido um maior investimento para remodelar os próximos catálogos. Como alternativa, concordamos com a Bedrock em realizar uma série de grupos focais.

Com 20 anos de experiência na realização de grupos de foco, sugerimos que você os realize apenas se esperar obter mais opiniões dos clientes em um grupo do que conversando com eles individualmente. Em outras palavras, o grupo de foco funciona apenas se uma idéia levar realmente a outra, e o resultado de uma discussão em grupo for mais valioso do que as opiniões individuais. No entanto, você deve pesar essa vantagem em relação aos riscos. Personalidades fortes podem dominar uma discussão de grupo de foco e influenciá-lo fortemente. Também é muito difícil, em alguns grupos de foco, diferenciar entre o consenso e a resignação que surge entre os participantes.

Os resultados dos quatro grupos de foco separados da Bedrock ajudaram a reafirmar nosso segundo e último conselho sobre os grupos de foco: você deve ter expectativas realistas sobre os resultados. Como esperado, alguns grupos de foco gostaram dos novos conceitos da Bedrock, outros não. Em razão das frutíferas discussões, a Bedrock pôde perceber como seus clientes recebem os catálogos da empresa. Mas a verdadeira motivação do grupo de foco – testar idéias específicas que melhorariam a comunicação – não revelou nenhum padrão e nenhum resultado prático de imediato. A Bedrock poderia inferir que algumas idéias tivessem poucas chances de sucesso, mas não poderia apontar nenhum "vencedor" claro.

Como princípio básico, quanto menos exploratória e mais específica for a sua tarefa, mais você deve se voltar para entrevistas pessoais com o cliente baseadas em um questionário estruturado e não na realização de grupos focais.

O próximo caso, envolvendo o fornecedor de pigmentos Kleber Enterprises, ilustra a utilização de outros métodos mostrados na Figura 5.1, incluindo a modelagem de escolhas.

ESTUDO DE CASO

Problema: testar novas formas de segmentação do cliente

Empresa: Kleber Enterprises
Produto: pigmentos
Fonte: projeto da Simon-Kucher & Partners

Da mesma forma que o projeto Bedrock, este começou com o trabalho de desenvolver hipóteses para teste. No caso da Kleber, a equipe tinha certeza de que poderia capturar um lucro adicional fazendo uma melhor segmentação dos clientes e diferenciando os produtos, serviços e os preços de acordo com essa segmentação.³

Ao contrário da Bedrock, a Kleber tinha divisões operacionais distintas. O grupo regional atendia 1.500 pequenos clientes, enquanto o grupo nacional estava focado em 50 grandes contas. Dada essa composição, uma pesquisa em larga escala de clientes regionais faria sentido. Isso levanta uma questão que se tornou o tema de infinitos debates acadêmicos: que tamanho deve ter a sua amostra? Descobrimos que, em pesquisas realizadas em mercados industriais, de 40 a 60 respondentes por grupo ou segmento funciona muito bem na maioria dos casos. Você define estes segmentos de antemão. Vamos dizer que você deseje entender o comportamento dos clientes que compram menos de US$ 100 mil do produto por ano. Você precisa entrevistar de 40 a 60 clientes desse tipo para tirar uma conclusão válida. As pesquisas realizadas com clientes nos mercados *business-to-business* tendem a ter uma taxa de respostas entre 5% e 20%, o que significa que, na melhor das hipóteses, aproximadamente um em cada cinco clientes que você contata concordam em conceder uma entrevista. No melhor caso, poderíamos esperar que 300 clientes regionais participassem.

Os métodos que você planeja usar na entrevista geralmente determinam como você deve realizá-la. Realizar entrevistas pela Internet é comum, pois esse é um meio barato e rápido. Os autores têm tido sucesso nas entrevistas baseadas na Internet, embora a qualidade da resposta tenda a cair se as perguntas forem complexas e desafiadoras, ou especialmente se o questionário levar mais de 45 minutos para ser preenchido. A única desvantagem é a falta de oportunidade de interagir pessoalmente com o respondente. Se você sentir que a interação é necessária, mas ainda quiser manter os custos no mínimo possível, entrevistas por telefone com material de apoio *online* ou em papel são uma boa combinação. Com a Kleber, concordamos em realizar 115 entrevistas pessoais com auxílio de computador, projetadas para durar entre 30 e 45 minutos.

As entrevistas com os clientes da Kleber tinham a ver com preços, o que levantava ainda outra questão que tem intrigado a comunidade acadêmica nos últimos 50 anos: como se mede a percepção de valor e a sensibilidade de preço?

Alguns dos métodos padronizados para o questionamento de preços ("Você compraria o produto X por 19,95? Por 14,95?") geraram erros sistemáticos nas últimas décadas. Como resultado, esses métodos de pesquisa geralmente subestimam a real vontade do cliente de pagar. Os clientes hoje têm um condicionamento e uma sensibilidade afiada em relação a preço, o que não ocorria quando esses métodos começaram a ser usados, na década de 1950. Isso se mostra especialmente verdadeiro em empresas industriais com departamentos profissionais exclusivos de compras. A natureza das questões diretas só reforça esse erro sistemático, pois ela sensibiliza demais o respondente ao preço.

Outro método de entrevista direta envolve perguntar aos clientes que tipo de preço ou estrutura de preço eles preferem. Esse tipo de pesquisa geralmente gera conclusões óbvias sobre o que os clientes preferem, mas dão pouca idéia sobre o que os clientes realmente pagariam. É claro que os grandes usuários preferem preços fixos. Pessoas que viajam longas distâncias preferem estruturas de preço que oferecem descontos maiores ou bônus quanto maior a distância. Mas as perguntas relevantes para você são as seguintes: quanto eles realmente vão *pagar*? E será que ainda vão comprar mesmo quando você usar uma estruturas de preço que não seja a preferida deles? Apenas um método de entrevista indireta pode apresentar essas respostas.

Métodos indiretos, como a análise conjunta adaptada (ACA – *adaptive conjoint analyses*) ou a modelagem de escolha discreta (DCM – *discrete choice modeling*), oferecem um sistema de medida mais preciso da disposição de pagar e do valor do produto. Chamamos essas técnicas de métodos indiretos porque não variam apenas o preço, mas outros atributos do produto também, para que seja possível medir a disposição de pagar indiretamente. Cada método tenta confrontar os respondentes com decisões realistas de compras e os força a fazer compensações entre as alternativas. Sem se arrastar muito em detalhes metodológicos, podemos esquematizar alguns dos pontos fortes e fracos de cada abordagem. O método de DCM funciona melhor em mercados estabelecidos nos quais o conjunto de competidores está bem-definido. Em geral, é o método de escolha para as empresas que buscam identificar novas oportunidades de lucro nos produtos existentes. A ACA é menos difícil de configurar e usar, mas esse método é geralmente menos preciso na hora de simular a realidade do mercado.[4]

A proliferação de pacotes de software de baixo custo de empresas como Sawtooth transformaram a DCM e a ACA em *commodities* baratas. Mas o acesso barato às ferramentas não garante que você vai obter resultados úteis e válidos. A natureza *plug-and-play* de cada método faz com que eles pareçam enganosamente simples, e projetar compensações para seus clientes apresenta um desafio intrigante, talvez até divertido. Na verdade, leva anos de experiência para montar um projeto de pesquisa indireta de forma adequada, particularmente quando inclui sua variável mais importante, o preço. Uma pesquisa que inclua ACA ou DCM deve ser economicamente projetada, pois esses métodos podem esgotar até mesmo o mais entusiasta dos respondentes. O risco de usar um estudo inadequadamente projetado é especialmente alto em um mercado industrial, no qual você tem um número menor de clientes e não tem uma segunda chance de realizar outro estudo. É um golpe só, e você está fora. Sugerimos que, se decidir usar a DCM ou a ACA, permita que um especialista projete o estudo para você, especialmente quando o grupo de respondentes em potencial for relativamente pequeno (como em um mercado industrial).

Para realizar esse tipo de pesquisa, também é necessário um comprometimento dos recursos, o qual, às vezes, pega a empresa de guarda baixa. Você precisa pensar no custo de recrutar os respondentes e realizar as entrevistas, bem como o tempo para desenvolver o questionário, realizar a pesquisa e analisar os dados que você coletou. Para a Kleber, todo esse processo consumiu 20 semanas, igualmente divididas entre o desenvolvimento do questionário, as pesquisas e a análise dos dados.

O custo de uma entrevista individual pode variar US$ 20 a US$ 500, dependendo de como você realiza a entrevista, o grau de especialização do grupo de clientes e se você precisa fornecer ao respondente um incentivo. Se visitar o conjunto de entrevistados em potencial exige viagens internacionais, os custos sobem ainda mais. Com poucos recursos, uma pesquisa entre clientes na Internet poderia custar US$ 20 a US$ 30 por entrevista, sem o uso de incentivo. Com muitos recursos – por exemplo, para indústrias ou produtos altamente especializados –, uma entrevista pessoal auxiliada por computador poderia custar US$ 250 para ser conduzida, mais US$ 100 a US$ 250 de incentivos.

As entrevistas para a Kleber custaram cerca de US$ 340 por entrevista a ser realizada, incluído o incentivo médio de US$ 140. Se você planeja entrevistar entre 50 e 300 respondentes, você deve prever pelo menos três semanas para realizar todas as entrevistas. O estudo da Kleber levou, na verdade, quatro semanas devido às dificuldades iniciais de marcar os encontros com os clientes.

Também foram necessárias quatro semanas para desenvolver o questionário certo e obter uma aprovação explícita de todos os executivos da Kleber envolvidos no problema. Isso parece um longo tempo até você examinar o que realmente acontece quando questionários complexos são desenvolvidos.

O processo geralmente ocorre de forma tranqüila. Mas um questionário que passa pela administração é geralmente tratado como parte da legislação que circula pelo Congresso. Pessoas que você nunca conheceu vão ouvir sobre o fato de que alguém está para realizar uma pesquisa junto ao cliente. Elas vão insistir que a pesquisa inclua todos os tipos de perguntas cujas respostas podem ser fascinantes, mas completamente irrelevantes às hipóteses que você gostaria de testar. No pior caso, as pessoas que não conseguiram incluir as suas demandas vão dar longos discursos nas reuniões para impedir o seu progresso. Quando você achar que está gastando mais tempo mantendo coisas *fora* da pesquisa do que as incorporando, chegou a hora de dar um passo atrás e deixar claro para todo mundo os objetivos do questionário e as hipóteses que você pretende investigar.

Um questionário que exija este nível de investimento e qualidade também merece passar por testes adequados antes de você programar a versão final e começar a fase de campo. Isso também consome um tempo considerável, mas o ajudará a não gastar o tempo dos respondentes. O pioneiro defensor da publicidade e da pesquisa de mercado, David Ogilvy, descreveu uma vez o seu reencontro com uma pesquisa que ele mesmo tinha escrito. Ele achava que as perguntas faziam sentido, até tentar respondê-las espontaneamente em uma situação da vida real: "Um entrevistador se dirigiu a mim e fez as perguntas que eu tinha escrito dois dias antes. Era impossível respondê-las".[5] Se o jeito de fazer uma pergunta confunde o respondente, isto vai pôr em risco a qualidade de seus dados. Mantenha suas perguntas o mais simples e diretas possível. Evite o que chamamos de perguntas-professor, que adoram usar palavreados eruditos, jargões e muitos detalhes. Você está tentando obter informações dos clientes, e não lhes apresentando um quebra-cabeça.

De posse dos dados brutos das entrevistas, são necessárias em média quatro semanas extras para consolidá-los, analisá-los e daí tirar conclusões válidas. A paciência e a cooperação da equipe de administração da Kleber deram resultado. A pesquisa revelou quatro segmentos distintos que formaram a base de uma grande revisão de toda a sua estratégia de vendas. Adaptando produtos e serviços a cada segmento, e alinhando sua organização com essas mudanças, a Kleber esperava que o retorno sobre as vendas aumentassem de 7% a 10%. Isso significava um grande potencial de lucro para uma empresa em um negócio altamente competitivo, com margens em queda. Tratamos a segmentação em detalhes no Capítulo 6.

O esforço da divisão nacional, que ocorreu simultaneamente, exigiu uma abordagem inteiramente diferente devido ao pequeno grupo de clientes. Uma pesquisa com métodos indiretos como ACA e DCM teria sido impraticável. Assumindo um retorno normal em todas as 50 contas principais, teríamos considerado dez entrevistas um sucesso, muito abaixo do nível exigido para um método de pesquisa indireta.

Para garantir um indicador da opinião do cliente, realizamos uma série de entrevistas aprofundadas com os vendedores e gerentes da Kleber diretamente envolvidos na negociação dos contratos com esses clientes. Referimo-nos a esta abordagem como análise *post-mortem* de negociação. O tempo era o principal compromisso da Kleber nessa fase. Você deveria planejar com base em uma pessoa/dia para configurar, realizar e analisar cada conversa separada. Os participantes também deveriam disponibilizar o máximo de documentação possível, incluindo cópias dos rascunhos dos contratos, contratos finais, apêndices subseqüentes e correspondência interna e externa. Essas informações adicionais ajudam a reconstruir o processo de negociação e a procura por formas de otimizá-lo.

Esta abordagem *post-mortem* da negociação tem três objetivos principais: descobrir as melhores práticas para compartilhar com o resto da organização, identificar as armadilhas nas negociações e obter informações sobre padrões de comportamento do cliente. No caso da Kleber, identificamos várias melhores práticas, que foram incorporadas em um processo mais rigoroso para negociar contratos futuros. As inferências sobre o comportamento do cliente permitiram enquadrar a maioria das grandes contas aos segmentos identificados no estudo com clientes regionais menores.

Como descreveremos em detalhes na próxima seção, tenha em mente que o objetivo do *post-mortem* da negociação não é a espionagem interna. Ao conduzir você mesmo um *post-mortem* da negociação, foque-se primeiro no que as equipes de venda fizeram bem e não em suas deficiências. Caso surja a impressão de que esse exercício tenha a ver com a busca de culpados e não com aperfeiçoamento, você vai acabar desperdiçando seu tempo. Ninguém vai cooperar com você. Salientamos novamente o aspecto que mencionamos no Capítulo 1: você pode encontrar e recuperar seus lucros ocultos apenas se focar no próprio lucro e não em como ele ficou oculto. Você é um caçador de lucros e não um caçador de bruxas.

Transforme suas vendas e forças de serviço em fontes de informação

Uma dúvida com a qual muitas organizações lutam é como obter informações úteis dos vendedores e técnicos de serviço. É normal que os vendedores ou os técnicos que realizam serviços tenham informações que poderiam causar impacto em suas decisões. A quantidade de tempo que eles gastam com os clientes é geralmente maior do que o tempo que os gerentes e executivos gastam com os clientes.

Isso leva a um interessante paradoxo: como as empresas obtêm informações sobre seus clientes. A equipe de vendas gasta boa parte de qualquer dia de trabalho no contato direto com o cliente, mas, quando o departamento de *marketing* quer saber alguma coisa sobre os clientes, ele faz uma pesquisa externa e interpreta os resultados sozinho. As equipes de *marketing* defendem essa prática porque consideram muito incerto o que escutam dos vendedores. Elas se perguntam se os vendedores são realmente objetivos. Se os vendedores mantêm todas as informações na cabeça e nunca escrevem nada, o quão completas e imparciais são as histórias que contam?

Em qualquer evento, sua força de vendas é um repositório de informações brutas valiosas. A pergunta mais importante aqui é: como você conversa com sua força de vendas para extrair essas informações com sucesso? Nossa primeira sugestão é não ter conversa nenhuma, mas uma entrevista estruturada, mais ou menos como a Kleber realizou com seus clientes regionais. Ou seja, fazer a eles perguntas breves que possam responder rapidamente. Quanto mais perguntas quantitativas você tiver, melhor. Formule suas perguntas espontâneas cuidadosamente, ou o processo vai degringolar para uma troca de histórias de guerra, ou dos próprios vendedores ou de outras pessoas que eles conheceram com o tempo. Ao mesmo tempo, faça apenas as perguntas que a força de vendas possa responder melhor. Realizar essas entrevistas é uma arte requintada para não perder o tempo do parceiro da entrevista. Veja se você consegue encontrar as respostas de outras fontes, como documentação escrita, literatura sobre o produto, revistas de negócios e assim por diante, antes de fazer a pergunta para alguém pessoalmente.

A idéia de extrair informações de sua equipe de vendas desta maneira e a idéia de fazer pesquisa de mercado não são mutuamente excludentes. Tudo bem, se você realizar uma pesquisa de 400 clientes com entrevistas que duram duas horas cada, você terá 800 horas de dados com o que os clientes pensam em uma discussão que você controla. Em geral, este trabalho vale o investimento, caso seja feito como descrito na seção anterior: orientado a hipóteses e focado.

As 800 horas de entrevistas focadas com clientes realmente geram informações valiosas. A lástima é que muitas pessoas investem pouco tempo para decifrar informações valiosas daquelas centenas ou até milhares de pessoas/horas que seus vendedores ou técnicos de serviço gastam com os clientes. Isso se aplica em particular aos técnicos de serviço, que talvez não tenham nem a paciência nem a motivação para colocar o *feedback* em termos que a equipe de *marketing* ou de projeto possam digerir facilmente. O fundador de um grande fabricante de máquinas descreveu esse desencontro: "O *feedback* dos técnicos de serviço pode ser bastante desagradável. Eles dizem claramente as dificuldades que encontraram, o que deu errado, o que deveria ser mudado e melhorado. Têm uma excelente compreensão desses problemas... mas, na maioria das empresas, os técnicos não têm oportunidades suficientes para trazer essa experiência complexa diretamente para os gerentes. E os técnicos não gostam de apresentar relatórios escritos"[6]. Uma entrevista estruturada, como descrito anteriormente, atenderia às necessidades dos técnicos de forma bem razoável e forneceria às equipes de *marketing* e projeto uma perspectiva extra e indireta dos clientes.

O caso a seguir mostra como as idéias da equipe de vendas tiveram um importante papel no desenvolvimento das recomendações de preços e ajudaram a garantir o sucesso da implementação. A área de vendas tinha um sentimento de orgulho e posse, não apenas porque contribuiu para o processo, mas também porque a administração levou suas idéias a sério e as incorporou nos resultados finais.

Um distribuidor individual que chamaremos de Kinston trabalha com 40 mil produtos, que uma equipe de mais de 20 mil funcionários vende para empreiteiros, lojas e empresas em aproximadamente cem países.

ESTUDO DE CASO

Problema: determinar elasticidades de preço

Empresa: Kinston
Produto: distribuição de suprimentos industriais
Fonte: projeto da Simon-Kucher & Partners

A Kinston enfrentou as mesmas pressões de mercado que discutimos ao longo do livro.[7] Os clientes ficaram sofisticados. Eles não aceitavam mais as alegações de diferenciação dos fornecedores e insistiam em descontos cada vez mais maiores. À medida que a concorrência se intensificava, os clientes transformavam cada vez mais o preço – e não o serviço ou a qualidade – no elemento central de cada negociação. A Kinston sendo muito eficiente e com uma excelente logística, não via espaço para obter ganhos adicionais com mais um corte de custos.

Apesar dessas pressões, a Kinston tentou preservar um preço-prêmio pelas suas supostas vantagens competitivas em amplitude da linha de produtos, competência técnica, logística e marca. Os lucros diminuíam, no entanto, à medida que as margens ficavam mais apertadas. A empresa precisava urgentemente aumentar as margens, ou, em menor grau, impedir um declínio mais acentuado. Em que aspectos a empresa tinha oportunidades realistas de aumentar os lucros?

Pela primeira vez em sua história, a Kinston realizou um exame quantitativo da dinâmica de preço em seus mercados. Para fazer isso adequadamente, ela precisava estimar a elasticidade de preço e entender a forma de sua curva de lucros. Como você estabelece as elasticidades de preço e determina as curvas de lucro para 40 mil produtos? Fazer isso para cada produto é, naturalmente, um absurdo.

Para acelerar o processo, a Kinston precisava classificar tanto seus clientes como seus produtos em grupos relativamente homogêneos. No final, a Kinston dividiu os produtos em 39 grupos. As equipes de vendedores se encontraram em diversas reuniões para fornecer a melhor estimativa de como a demanda responderia às mudanças de preço, usando o mesmo método do julgamento especializado que empresas como a Cortez e a Kent usaram no Capítulo 4. Com base nas curvas de demanda, a equipe de projeto poderia calcular as elasticidades preço, que depois seriam disponibilizadas através de um programa especial no *laptop* de cada vendedor.

A Kinston então deu dois passos adicionais usando outras abordagens que discutimos nos Capítulos 4 e 5. Fez uma análise completa de dados históricos, que geraram outro conjunto de elasticidades preço complementar àquele obtido com o julgamento especializado da equipe de vendas. Por fim, foi realizada também uma pesquisa com 100 clientes. O projeto parecia aquele que a Kleber usou, a Kinston entretanto limitou o escopo a alguns grupos representativos de produtos.

Gerar três conjuntos de elasticidades preço com base em três abordagens distintas é um exemplo extremo, mas poderoso, de nossa recomendação de usar múltiplos métodos e fontes quanto você inicia a busca por mais lucros. Munida dessas informações, a Kinston poderia fornecer uma orientação precisa aos vendedores sobre quais limites nos descontos colocariam em risco a lucratividade.

Para estimular a adoção do novo sistema, a Kinston reexaminou a forma como compensava os vendedores. Descreveremos as mudanças feitas no Capítulo 9, inteiramente dedicado ao tema dos incentivos para vendedores, agentes e parceiros de canal.

Mantenha o investimento em pesquisa de cliente em sintonia com os riscos envolvidos

O lucro incremental da Kinston, em dólares absolutos, foi muito maior do que os valores que a Bedrock ou a Kleber esperavam alcançar. Mas ainda era apenas uma fração do lucro em jogo quando uma empresa automobilística lança um novo modelo, ou quando uma empresa de medicamentos lança um novo produto farmacêutico com potencial de ser um grande sucesso. Nesta seção final, descrevemos a abordagem adotada quando os lucros adicionais podem chegar a bilhões, e não a milhões de dólares.

ESTUDO DE CASO

Problema: Como encontrar o preço mais lucrativo para um novo produto

Empresa: Jetson Motors
Produto: novo veículo
Fonte: projeto da Simon-Kucher & Partners

Nos anos 1990, a Jetson Motors lançou o projeto de um novo modelo. Assim como a Chrysler causou sensação com a minivan, a empresa esperava conseguir estabelecer uma nova categoria de veículo que cativaria os motoristas que desejavam flexibilidade e funcionalidade em um pacote pequeno e econômico.[8]

Se a fabricante de carros seguisse a sabedoria convencional, o posicionamento de preço seria muito claro. O preço do veículo deveria estar abaixo do limite psicológico dos US$ 15 mil. A empresa poderia fabricar o carro e ter lucro com esse preço. Ela também achou desafiadora a idéia de oferecer um veículo nessa faixa de preço pela primeira vez. Seu modelo mais barato naquela época era vendido por mais de US$ 20 mil. Finalmente, esse seria um preço premium cerca de 9% superior sobre o carro mais vendido pela concorrência nesse segmento. Isso parecia ser consistente com a vantagem de marca normalmente obtido pela empresa.

Todas as peças encaixavam logicamente. A empresa elegeu um preço de US$ 14.750 e esperava com isto vender sua capacidade anual inicial de 300 mil unidades. Então neste momento surgiram dúvidas.

Seria sensato seguir a sabedoria convencional no caso de um carro não-convencional? Que valor a marca da empresa realmente tinha nesse novo segmento? A empresa tinha poucos indicadores com os quais trabalhar, pois nunca tinha se aventurado nesse segmento antes. Quanto os clientes estariam dispostos a pagar de fato pelo novo projeto? E o que era ainda mais fundamental, que percentual de consumidores realmente valorizariam o novo projeto com suas características especiais?

Quanto mais perguntas surgiam, mais vacilante se tornava o preço de US$ 14.750. A empresa decidiu testar suas hipóteses sobre os recursos e os preços diretamente com clientes em potencial. O estudo centrou-se no projeto e nos recursos do carro. Clientes em potencial assistiram a um vídeo que demonstrava vantagens do veículo que, de outra maneira, eles provavelmente teriam dificuldade em visualizar claramente. O vídeo era um substituto eficaz da experiência real de visitar uma concessionária e investigar o modelo. Uma combinação de dois métodos indiretos foi usada para quantificar o comportamento esperado dos clientes: o método DCM foi usado para determinar o comportamento de escolha entre o novo carro e modelos concorrentes. O método ACA ajudou a classificar o que os clientes estariam dispostos a pagar pelas características individuais. Esses dados foram usados para construir um complexo modelo de suporte à decisão que simulava vários cenários de mercado: usando os dados sobre preferências extraídos do levantamento, a Jetson podia inserir certas configurações de produto para seu novo veículo e também para os veículos da concorrência, e o modelo faria uma previsão das participações de mercado associadas. O que eles viram surpreendeu a todos, inclusive ao pessoal técnico e de *marketing* da montadora.

- *Polarização*. O novo projeto claramente polarizou os clientes. Apenas um quarto ou menos dos entrevistados se mostraram fãs incondicionais, os três quartos restantes rejeitaram o modelo categoricamente. Ficou claro que o preço final deveria refletir apenas os dados dos fãs, porque somente eles pensariam seriamente em comprar o veículo.

- *Disposição para pagar.* A disposição dos fãs em pagar o preço do veículo superou as expectativas da empresa. Eles acharam tanto a funcionalidade quanto a marca muito atraentes.

- *Recomendação resultante.* Nossa equipe de projeto recomendou um preço de US$ 15.500, bem diferente do preço inicial sugerido. Também fizemos uma previsão de que com esse preço a empresa ainda teria vendas que ocupariam o total da capacidade instalada.

A montadora seguiu a recomendação. No primeiro ano, ela vendeu 293 mil unidades. Esse nível de utilização da capacidade (98%) representa essencialmente a capacidade total, considerando que esse tinha sido o primeiro ano da produção. Ao ganhar US$ 750 extras por carro e ainda vender 293 mil unidades por ano, a empresa gerou um acréscimo de US$ 220 milhões em lucros por ano.

As informações mais exatas sobre os clientes e a quantificação de sua disposição em pagar fizeram toda a diferença. Se a empresa não tivesse feito o estudo, nunca teria percebido, antes do lançamento, que seu novo carro produziria no público consumidor a divisão "amor e ódio". Mesmo com os resultados do estudo, a empresa ainda teria passado por alto um lucro substancial se tivesse juntado esses dois grupos de clientes diametralmente opostos em um mesmo saco e olhado apenas médias gerais. O uso de qualquer tipo de dados agregados e médias teria levado a empresa por seu caminho errado, como discutimos no Capítulo 3.

Através desse estudo, a empresa também viu os efeitos reais de outro aspecto que pouquíssimos gerentes percebem e avaliam: quanto a mais eles podem cobrar ao mesmo tempo que mantêm a mesma posição diante da concorrência. Até cruzar esse limiar uma empresa dificilmente perderá clientes quando fizer aumentos relativamente pequenos em seus preços já diferenciados. Cruzando esse liminar, entretanto, o efeito no volume é dramático.

Os clientes abandonam o produto porque a diferença de preço – em relação à sua concorrência – passou de alta para significativa.

O aumento para US$ 15.500 fez crescer o preço do veículo em comparação ao principal produto da concorrência, de 9% para mais de 14%. Dado que o único outro ponto de referência do cliente para esta marca seria um veículo muito mais caro, a mudança de 5 pontos percentuais no preço relativo parecia aceitável.

Resumo

As análises de dados internos são, em geral, poderosas, mas inadequadas para testar certas hipóteses sobre seus clientes. Essas hipóteses fundamentais buscam entender por que os clientes se comportam da forma como se comportam e como responderiam a mudanças nos produtos e serviços. Você pode testar esses conceitos de forma confiável apenas através de pesquisas com os clientes. Essa pesquisa pode incluir testes de mercado e pesquisas com os clientes.

Se você realizar um teste de mercado, como fez a Bedrock no caso deste capítulo, não se esqueça de atender a dois critérios: uma forma bem-definida de interpretar os resultados e um grupo de controle para permitir comparações objetivas e relevantes.

Se testar a vontade dos clientes de pagar, você deve usar uma variedade de métodos em vez de se basear apenas em um. Você deve usar pelo menos um método indireto de preço, como DCM ou ACA. Apenas métodos como esses permitem quantificar as compensações que seus clientes fazem e expressar essas compensações de forma confiável em termos de dólares e centavos.

Independentemente da abordagem que você usar, não se esqueça de que seus investimentos em pesquisa devem permanecer pragmáticos e em sintonia com a quantidade de lucro em jogo. Quanto maiores forem os "jogos", mais valioso será ter um alto grau de precisão para entender a disposição do seu cliente pagar. As montadoras e empresas farmacêuticas geralmente têm mais do que US$ 1 bilhão em risco quando tomam decisões de *marketing*, o que justifica os pesados investimentos feitos em pesquisas e análises complexas junto ao cliente.

Ter a combinação certa de dados internos e externos o preparará para começar a capturar o lucro adicional que você merece. No próximo capítulo mostraremos como repensar e redirecionar seu *mix* de *marketing*.

CAPÍTULO 6

Otimize seu Mix de Marketing para Obter o Maior Lucro Adicional

Saber o que medir e como medir torna o mundo muito menos complicado.
—Steven D. Levitt e Stephen J. Dubner, *Freakonomics*[1]

ATÉ AGORA, compreendemos como encontrar e quantificar seu lucro potencial adicional. No início deste capítulo, vamos mostrar como extraí-lo.

Obter retorno lucrativo de seus clientes exige trabalho vigoroso em seu *mix* de *marketing*: produto, promoção, praça (local) e preço. Como discutido nos capítulos anteriores, seu progresso nesse esforço dependerá da sua disposição em desafiar os "fatos" que vêm historicamente orientando seu jeito de pensar e substituí-los, se necessário. Esse capítulo foca as idéias e técnicas que você pode usar para melhorar os três primeiros elementos do seu *mix* de *marketing*. O Capítulo 7 foca exclusivamente no quarto elemento, o preço, que merece um tratamento mais detalhado por causa do papel crítico que exerce na equação do lucro.

Começamos o capítulo com uma discussão sobre segmentação e depois discutimos como adaptar seu portfólio de produtos e serviços para alinhá-lo com seus segmentos. Finalmente, mostramos como a natureza e a duração de suas atividades promocionais podem ajudá-lo a atrair mais clientes, sem levá-los inadvertidamente aos seus concorrentes.

Segmente seus clientes por preferências e pela disposição de pagar

Uma segmentação eficaz de clientes atinge quatro objetivos: possibilita dividir os clientes em grupos relativamente homogêneos; também permite descrever esses grupos em termos quantitativos e identificar facilmente o segmento a que o cliente pertence, assim você pode avaliá-lo, classificá-lo e monitorá-lo; isso garante que você tenha os canais de vendas e as mensagens adequadas para atingir os diversos grupos; e, finalmente, cria grupos que se identificam com os produtos e serviços que sua empresa pode fornecer atualmente. Se você não toma decisões com base na segmentação, afinal de contas, por que se incomodar?

Veja a forma mais básica de segmentação ainda em uso em várias empresas. Elas combinam duas coisas: onde os clientes estão localizados e quanto eles compram. Semelhante ao método *cost-plus* para precificação descrito no Capítulo 3, essa abordagem à segmentação é um atalho conveniente que oferece aos gerentes uma espécie de guia. Trata-se de um vestígio do período anterior à informatização, quando o setor de vendas era a base para a maioria dos dados que os gerentes tinham disponíveis. Nessas circunstâncias, o que mais você poderia usar como base para segmentação? Esses gerentes fizeram o melhor que podiam com seus recursos limitados.

Assim como o método *cost-plus* para estabelecer preços, a segmentação baseada em volume tem um sentido quantitativo, faz uso de informações facilmente disponíveis e é fácil de transmitir e entender. Sem se aprofundar muito, esse método de segmentação parece atender aos critérios dispostos dois parágrafos atrás. Mas, como todo atalho, ele tem um inconveniente fundamental. Nesse caso, a segmentação baseada em volume pode ter pouco ou nada a ver com a origem real de seus lucros: as preferências do cliente e a disposição de pagar por certos produtos e serviços. Finalmente, o incremento nos lucros vem diretamente de seus clientes. Esse é o lucro ao qual você ainda deve aspirar. Faz todo sentido para você construir seu *mix* de *marketing* com base nas preferências dos clientes e na disposição de pagar.

Hoje os gerentes têm uma grande quantidade de dados e de recursos para analisá-los com rapidez e confiabilidade. No entanto, muitos deles continuam a utilizar a mesma técnica de segmentação de seus avós. A geografia e o volume de compras podem ter sido no passado um substituto útil para as preferências dos clientes e a disposição de pagar, mas com demasiada freqüência vemos que esse vínculo se rompeu há muito. Essa técnica de segmentação pode ajudar os gerentes a identificar a atual situação do mercado, mas não diz nada sobre como os mercados poderiam se comportar. Não traz à luz idéias sobre como se pode ganhar mais dinheiro rapidamente. Em outras palavras, não os ajuda a decidir sobre quais clientes não merecem tanta atenção e quais clientes estão dispostos a pagar mais por certos produtos e serviços que outros nem querem tanto assim.

Se você segmentar seu mercado de acordo com as preferências dos clientes e a sua disposição de pagar, e não apenas de acordo com a localização geográfica e o volume, você saberá como adaptar sua oferta de produtos e serviços às preferências de cada segmento e obter lucro. Esse novo foco permitirá administrar sua equipe de vendas e os recursos de *marketing* com mais eficácia. Em alguns casos, pode significar serviços em diferentes níveis de intensidade ou acrescentar variações extras de produtos e serviços. Em outros casos, pode significar restringir seu foco a um grupo seleto de segmentos, e depois diminuir seu portfólio de produtos e serviços para eliminar o que você não necessita mais. Você pode consultar o mapa da concorrência desenvolvido no Capítulo 2 como orientação adicional para decidir sobre os produtos que você pode potencialmente eliminar. Em todos os casos, contudo, você terá uma segmentação segundo a qual pode agir com lucratividade.

Os dois próximos casos demonstram como uma empresa pode abandonar a abordagem dos caminhos mais curtos e segmentar os clientes de acordo com as suas preferências. O segundo caso também mostra como a empresa pode desafiar a sabedoria convencional e levar esse processo adiante pelo aprimoramento da segmentação para refletir a disposição de pagar dos clientes. Os casos que aparecem no final do capítulo descrevem como a segmentação avançada ajuda as empresas a decidir se agrupam ou desagrupam suas ofertas de produtos, usando o potencial de lucratividade como guia.

ESTUDO DE CASO

Problema: desenvolver uma nova segmentação

Empresa: Earnhardt Electronics
Produtos: pequenos motores eletrônicos
Fonte: projeto da Simon-Kucher & Partners

A Earnhardt Electronics é líder no fornecimento de pequenos instrumentos eletrônicos usados em carros, utensílios domésticos, produtos eletrônicos para consumidores e equipamentos de controle climático[2]. Há anos a empresa tinha uma organização de vendas regional – ou seja, seus representantes cobriam todos os clientes de uma certa região. Essa forma de organizar a equipe de vendas resultava menos da resposta às preferências do cliente do que do desejo de reduzir custos e maximizar o tempo da equipe de vendas. Sendo engenheiros por formação, os representantes de vendas da Earnhardt freqüentemente precisavam de um tempo considerável e de coordenação de campo com um cliente potencial a fim de vender seus produtos complexos e muitas vezes altamente customizados. A empresa percebeu que essa proximidade com o cliente, por si só, lhe dá uma vantagem.

Nos anos 1990, duas alterações nas preferências dos clientes pegaram a Earnhardt desprevenida. Em primeiro lugar, os clientes argumentaram que suas exigências técnicas tinham ficado mais sofisticadas. Segundo, eles começaram a exigir soluções específicas à indústria no lugar da customização onerosa e do tempo requerido pelo uso de produtos padrão. As equipes de pesquisa e desenvolvimento da Earnhardt encararam o desafio efetivamente, assim como fez seu grupo de produção. Mas essas duas mudanças ameaçaram tornar obsoleta a sua velha segmentação regional de clientes e a organização de vendas correspondente. Os clientes em uma região de vendas não eram homogêneos. A Earnhardt não poderia chegar até eles com um conjunto consistente de mensagens e canais, nem poderia desenvolver um simples pacote de produtos e serviços para atendê-los.

Era preciso desenvolver uma nova segmentação e, ao mesmo tempo, atualizar as competências dos representantes de vendas. Discussões realizadas com clientes nas quatro principais indústrias (automotiva, de utensílios domésticos, produtos eletrônicos para consumidores e controle climático) revelaram claramente que os clientes queriam mais do que apenas informações técnicas dos representantes de vendas. Eles esperavam conhecimento das tendências de mercado e dos clientes, uma profunda compreensão das ofertas competitivas e informações sobre inovação de outros países, especialmente Japão e Coréia. A Earnhardt tinha certeza de que seus representantes de vendas poderiam realizar isso para uma indústria. Mas esperar que os representantes de vendas estivessem a par das quatro indústrias simultaneamente com o mesmo alto nível de competência, profundidade e amplitude era algo claramente irreal. Felizmente, muitos representantes de vendas já tinham começado a se especializar, embora não de forma sistemática, porque acabaram tendo uma concentração maior de uma ou duas indústrias em seus territórios.

A Earnhardt substituiu a organização de vendas regional por uma organização específica à indústria. Devido à base de conhecimento e à experiência dos representantes de vendas, a reorganização foi amena e levou somente em torno de quatro meses para terminar. A empresa sabia que a nova organização teria custos mais elevados que a antiga. Alguns representantes de vendas agora precisavam cobrir o país inteiro, o que aumentou os custos com viagem e reduziu a eficácia da equipe de vendas. Mas os benefícios do novo sistema excediam em muito essas desvantagens. A nova segmentação baseada na indústria do cliente ajudou a Earnhardt a restaurar rapidamente seu segundo dígito nas taxas de crescimento um ano após a implementação.

Você pode concordar com o fato de que a Earnhardt pode ter esperado muito tempo para fazer suas mudanças. É difícil estimar precisamente quanto dinheiro se sacrificou ao se perder os primeiros sinais dos clientes ou ao adiar a mudança até que a pressão dos clientes finalmente se manifestasse em perda de negócios significativos. Um impedimento, contudo, foi o desejo da empresa de preservar seu foco na aparente eficiência em custos de uma força de vendas regional, em vez de deixar o potencial de lucro servir como guia.

Em contraste com a Earnhardt, outras empresas já usam a indústria como base para segmentação. Nós não estamos tentando vender a você a segmentação baseada na indústria como uma idéia nova. Nem estamos afirmando que a segmentação baseada na indústria é uma necessidade para todas as empresas. Já trabalhamos para um cliente que tinha criado uma estrutura divisional orientada à indústria, no final dos anos 1980. Dez anos depois, por meio da análise de muitos consumidores em vários países, estávamos aptos a provar que uma organização regional à moda antiga fazia muito mais sentido, porque oferecia um caminho melhor para captar lucros adicionais.

O próximo passo envolve levar em consideração a disposição de pagar dos clientes. Qual o lucro adicional que as empresas podem identificar e captar se segmentarem os clientes de acordo com essa informação?

Remodele sua oferta de produto de acordo com a disposição de pagar dos clientes

Se você segmentar seus clientes, atuais e potenciais, de acordo com as preferências e a disposição de pagar, é bem provável que descubra que pode atender a alguns dos segmentos resultantes de forma mais competitiva e lucrativa do que a outros. A curto prazo, você pode se sair melhor se tiver coragem para abandonar os segmentos antigos, especialmente se combinarem com células no mapa de concorrência nas quais você não perde a posição de vantagem competitiva. Você pode dedicar pouquíssimos recursos para eles ou até mesmo ignorá-los por completo. Isso é fácil de dizer, mas difícil de implementar se você tiver tomadores de decisão em sua empresa que ainda aprovam a cultura de agressão ou de reação. Por isso, alguns pontos dos capítulos anteriores merecem ser repetidos aqui.

Como dissemos no primeiro capítulo, as empresas sempre vão precisar explorar oportunidades para entrar em novos mercados e desenvolver novos produtos. Elas precisam determinar como podem, com sucesso, se mover para além de seus núcleos e adentrar em áreas adjacentes do mercado.[3] Essas sondagens, no entanto, tomam tempo e investimento considerável. Um dia, daqui a muitos anos, você pode ter a nova oferta que lhe permita competir com lucro nos outros mercados, ou "adjacências". O tempo estimado para as técnicas, as medições e as ações nesse livro, no entanto, é medido em meses, não em anos. O caso Earnhardt mostrou que uma empresa pode redefinir sua equipe de vendas e serviços em alguns meses e perceber um incremento imediato nos lucros.

Um cronograma semelhante se aplica às mudanças em seu portfólio de produtos. Eliminar produtos e modernizar o portfólio permite andar muito mais rápido do que o desenvolvimento e o lançamento de novos produtos. Um caminho eficaz mas freqüentemente perigoso para fazer isso é agrupar ou desagrupar seus produtos.

Se o seu trabalho envolve montar esses pacotes para os clientes, temos certeza de que você gostaria de ter regras gerais, práticas e rígidas sobre quando agrupar e quando se focar em produtos distintos. Um grupo de estudantes empreendeu a tarefa exaustiva de encontrar essas "regras fáceis" para agrupar e a declarou inútil: "Não há regra geral ou simples [para agrupar]".[4] Apesar disso, eles perceberam que as empresas que tentam criar pacotes acham que "a solução ideal depende da distribuição da disposição de pagar dos clientes".[5]

Para segmentar os clientes de acordo com a sua disposição de pagar, as empresas podem determinar se agrupar ou desagrupar um produto é mais lucrativo. A montadora Callisto Motors conseguiu um lucro extra superiror a US$ 50 milhões examinando quem pagaria por um determinado opcional incluído em um modelo *top* de linha.[6]

ESTUDO DE CASO

Problema: quando desagrupar uma oferta de produto

Empresa: Callisto Motors
Produto: televisão em carros
Fonte: projeto da Simon-Kucher & Partners

Quando as montadoras começaram a equipar seus carros *top* de linha com aparelhos de televisão, normalmente integravam a tevê à tela do sistema de navegação que os clientes compravam como equipamento opcional. Um fabricante ofereceu a função da tevê sem cobrar porque a considerou uma boa característica adicional ao sistema de navegação.

À medida que a empresa se preparava para lançar o novo modelo, a equipe de *marketing* debateu se continuava oferecendo a função de graça ou cobrava uma taxa em separado. Depois de ouvir os clientes, descobriu nítidas diferenças de opinião e de conhecimento sobre o opcional:

- Muitos clientes desconheciam que possuíam a função de tevê integrada e disponível.
- Muitos daqueles que sabiam de sua existência a utilizavam muito pouco.
- Somente 10% dos clientes usavam a função regularmente e a consideravam um "extra" em seus carros.

Por causa dessa informação, a empresa decidiu interromper a opção tevê de graça. Em vez disso, ia cobrá-la separadamente. Com isso, na verdade, retirou a função do sistema de navegação. Usando dados adicionais do estudo, eles estimaram o preço ideal em torno de US$ 1.400. A economia dessa decisão é a seguinte:

- *Segmento*. Ao preço de US$ 1.400, cerca de 10% de todos os compradores do novo modelo comprariam a tevê. A ampla maioria desses clientes geralmente comprava veículos completos, sem realmente examinar o que esse pacote especial de opcionais incluía.
- *Receita*. A empresa esperava vender em torno de 400 mil unidades de seu novo modelo durante todo seu ciclo de vida. Um aumento de 10% significa 40 mil compradores e um adicional de US$ 56 milhões em receitas.
- *Volume*. A empresa sentiu que era pequena a possibilidade de os clientes não comprarem o novo modelo em função da ausência da tevê no pacote. As perdas de volume seriam mínimas, na pior das hipóteses. Lembre-se de que 90% de todos os compradores não tinha interesse na tevê.
- *Lucro*. O custo marginal do opcional tevê é baixo. Isso significava que boa parte dos US$ 56 milhões em receita extra equivaliam a lucro extra líquido.

Essa abordagem para as decisões de agrupar/desagrupar aplica-se a praticamente todos os setores da economia e especialmente a situações em que os custos marginais são baixos e a percepção de valor dos clientes é um tanto alta. A despeito de nossa condição anterior, de que não há regras práticas e rígidas sobre o agrupamento, podemos oferecer algumas orientações que podem servir como regra básica: se um pequeno número de clientes vê grande valor em uma certa característica, faz pouco sentido torná-la disponível para uma base mais ampla de clientes. Faz muito mais sentido que esse pequeno segmento de clientes pague o preço que está disposto a pagar de qualquer forma.

Decidir incluir uma taxa no preço total ou cobrar separadamente é somente uma pequena parte do agrupamento. Surgem desafios mais difíceis quando você precisa decidir se agrupa os produtos que são comparáveis ou complementares. Depois de ter uma visão do que cada segmento está disposto a pagar pelos produtos que você pode querer agrupar, você tem uma boa base para tomar decisões sobre se realiza o agrupamento.

Tome o exemplo dos ingressos para o concerto dos Rolling Stones e do Fleetwood Mac na Figura 6.1. Como mencionamos no Capítulo 3, muitos fãs dos Rolling Stones pagariam muito mais do que o valor nominal para ver um show da banda ao vivo. Isso significa que eles têm uma grande disposição para pagar pelo ingresso. Mas, em nosso exemplo hipotético, eles estão relutantes em pagar o preço total pelo ingresso para ver o Fleetwood Mac, embora estejam interessados na banda. Esta é a situação intermediária da figura. Se o produtor do show oferecesse um pacote de ingressos dos Stones e do Fleetwood Mac, o pacote aplicaria uma parte da vontade extra de pagar pelo ingresso dos Stones ao ingresso do Fleetwood Mac. Muitos clientes comprariam

Fonte: projeto da Simon-Kucher & Partners

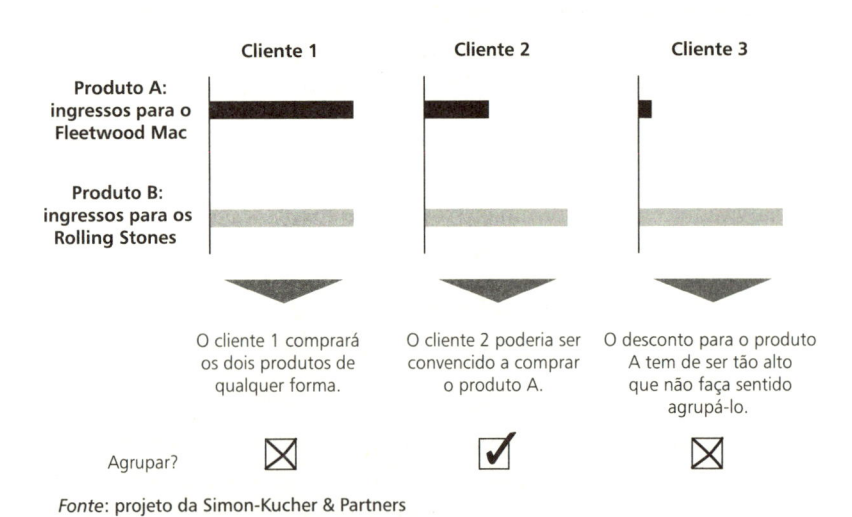

FIGURA 6.1 Agrupar é uma opção atrativa quando a preferência por produtos individuais é significativa, mas não igual.

o pacote e assistiriam aos dois shows. Sem o pacote, eles poderiam ter comprado somente a entrada para os Stones.

Isso só funciona quando o cliente tem uma vontade razoável de pagar pelas duas partes do pacote. Se o produtor agrupou os Stones com, digamos, a Cher, o desconto por pacote precisaria ser extremamente alto, ou o pacote provavelmente iria por água abaixo. Este é o exemplo bem à direita na Figura 6.1.

Os segmentos para os quais esses artistas apelam fortemente não teriam disposição de pagar o suficiente pelo outro ingresso.

As entradas para os shows oferecem um exemplo relativamente simples. Quanto mais segmentos você tem e quanto mais produtos e serviços você tem, no entanto, mais crítico é que você entenda a vontade subjacente dos clientes de pagar antes de formar pacotes.

Os bancos em todo o mundo se vêem enfrentando esse desafio. A revogação da lei Glass-Steagall, que outrora ordenou a separação dos bancos, das seguradoras e das empresas de seguro, liberou os bancos norte-americanos para se tornarem como seus primos europeus, que há muito tempo puderam oferecer serviços bancários, investimentos e seguros no mesmo lugar. O caso do Bank42 Corporation, banco líder de segmento na Europa, mostra a complexidade da tarefa de agrupar e a importância de entender a disposição de pagar.[7]

ESTUDO DE CASO

Problema: encontrar um pacote ótimo de produto e serviço

Empresa: Bank42 Corporation
Produto: contas correntes e cartões de crédito
Fonte: projeto da Simon-Kucher & Partners

Sendo uma instituição financeira líder por décadas, o Bank42 Corporation agora enfrenta a confluência da nova dinâmica no banco de varejo, um de seus principais negócios. A nova geração de clientes sofisticados, que sabem tudo de computador, gosta de uma transparência muito maior no mercado do que seus pais e avós poderiam ter imaginado. O cliente de banco do século XXI pode pesquisar os melhores preços rapidamente, ou abandonar completamente os bancos tradicionais e processar negócios *online*.

O pior caso para os bancos, contudo, surge quando os clientes distribuem seus negócios através de várias instituições financeiras com base na melhor oferta. Isso causa problemas para os bancos que tentam competir utilizando-se de produtos atraentes, como as contas gratuitas que não geram lucro. Essa estratégia é lucrativa somente se desencadear efeitos de venda cruzada – ou seja, os clientes que contratam a conta gratuita usam outros serviços bancários de varejo desse banco. Se os clientes forem a outro lugar para as suas outras necessidades bancárias, a estratégia acaba saindo pela culatra.

Quando os executivos do Bank42 analisaram profundamente a crescente rotatividade de clientes e a queda de lucratividade, eles viram que certamente a situação continuaria em declínio, caso não interviessem rapidamente. Eles decidiram explorar o agrupamento de produtos como solução potencial. No papel, a idéia pareceu oferecer quatro vantagens como forma de reter os clientes, atrair novos e incrementar os lucros. Em primeiro lugar, ela poderia atrair os clientes oferecendo simplicidade. Embora os produtos individuais no pacote pudessem nem sempre representar o melhor negócio no mercado, o pacote completo poderia. Em segundo lugar, poderia criar barreiras de saída para os clientes. Se os clientes decidissem parar de usar o pacote de serviços, eles teriam de interromper muitos relacionamentos de uma vez (conta, cartão de crédito, cartão de débito, etc.) e todos precisariam ser substituídos. Em terceiro lugar, criaria barreiras de entrada para a concorrência. Quanto mais abrangente for sua oferta atraente, mais difícil será para os concorrentes especializados atrair os clientes. Finalmente e mais simples, os executivos acharam que um pacote de serviços corretamente projetado lhes permitira vender serviços de margem mais elevada aos clientes que acham esse tipo de oferta atraente.

Para passar da solução no papel para a prática, os executivos precisavam entender as engrenagens do agrupamento. Os pacotes dão certo quando transferem a vontade extra do cliente de pagar por um produto para outro, permitindo à empresa vender mais de seus produtos ou serviços. A tabela simples na Figura 6.2 mostra como isso pode funcionar no caso do Bank42. A tabela mostra a quantia máxima que o cliente nos dois grupos igualmente grandes ("emergente" e "tradicional") gostariam de pagar pela funcionalidade bancária *online* e o uso de cartão de crédito. Você pode ver que cada segmento tem uma disposição muito diferente de pagar por cada um dos serviços, mas a soma das disposições de pagar é exatamente a mesma. O Bank42 pode tirar vantagem disso agrupando os dois serviços a US$ 5,50 (total de vendas = US$ 11), antes de cobrar US$ 5 pelo banco *online* e US$ 4 pelo uso do cartão de crédito (total de vendas = US$ 9).

A situação real no Bank42 era muito mais complicada. Assim como a maioria dos bancos de varejo com serviços completos, o Bank42 oferecia conta corrente e

	Disposição máxima de pagar (em euros por mês)		
Segmento do cliente	Banco *online*	Cartão de crédito	Soma dos dois serviços juntos
Emergente	5	0,5	5,50
Tradicional	2	4	6,00

Fonte: Simon-Kucher & Partners

FIGURA 6.2 Agrupamento no banco.

poupança, cartão de crédito, investimento em renda fixa, fundos de investimento, empréstimo pessoal e hipoteca.

Você também poderia considerar a simples conta corrente como um pacote de produtos e serviços. Isso inclui gerenciamento de conta, uso de caixa eletrônico e transferências bancárias. A maioria dos bancos agora cobra uma taxa por esses serviços (supondo que eles realmente cobram), em vez de cobrar separadamente pelo gerenciamento da conta e por transação. Foi aqui que o Bank42 começou sua busca por um pacote atrativo. O que poderia ser adicionado ao seu produto básico – a tradicional conta corrente – a fim de reter clientes, atrair novos e incrementar o lucro? E quanto cobrar por isso?

Para responder a essas questões, o Bank42 aplicou muitos dos métodos descritos nos Capítulos 4 e 5. O número de combinações possíveis de pacotes pareceu quase infinito, o que significava que a equipe de projeto precisava filtrar rapidamente a variedade de possibilidades. Uma análise dos dados internos e o julgamento experiente dos executivos produziu dois resultados: uma avaliação de onde os produtos do Bank42 se encontravam em relação à concorrência e uma lista gerenciável de elementos para incluir no pacote. O Bank42 decidiu buscar além do óbvio e incluir serviços não-bancários, como seguro de viagem no processo de seleção dos elementos para o pacote. Para ganhar algumas validações da avaliação da concorrência e estreitar a lista de pacotes, o banco conduziu grupos de foco em três regiões críticas.

Os elementos não-financeiros do pacote foram surpreendentemente bem aceitos e fizeram o corte para a rodada final. Munidos com essa "pequena lista" de elementos do pacote, o Bank42 podia agora empreender uma pesquisa mais avançada com os clientes para determinar a disposição de pagar deles. Como explicamos no Capítulo 5, a melhor forma de determinar a disposição de pagar é incluir um método de levantamento indireto, uma modelagem de escolha discreta (DCM – *discrete choice modeling*) ou uma análise conjunta adaptada (ACA – *adaptive conjoint analysis*).

Nesse caso, a ACA fez mais sentido, porque a empresa precisou entender a disposição de pagar por cada elemento separado de um pacote em potencial. O DCM teria feito mais sentido se o banco já tivesse um cenário mais claro de quais pacotes poderiam fazer sentido, quais elementos compreenderiam e com quais pacotes competiriam diretamente.

Os resultados do levantamento permitiram ao Bank42 construir uma versão muito mais complicada da tabela mostrada na Figura 6.2. Isso, por sua vez, permitiu que o banco desenvolvesse não um, mas três pacotes, de acordo com a disposição dos clientes de pagar pelos elementos subjacentes. A Figura 6.3 mostra esses três pacotes e o que eles contêm. Os executivos do Bank42 sentiram confiança suficiente nos resultados que decidiram divulgar nacionalmente os pacotes, em vez de conduzir mais testes.

Com o lançamento dos três pacotes, o Bank42 atingiu suas metas de redução da rotatividade dos clientes e incremento do lucro. No primeiro ano após o lançamento, o lucro do banco aumentou em torno de 15%.

O Bonviva oferecido pela Credit Suisse é outro exemplo de pacote de serviços financeiros que combinam banco, seguro e serviços não-bancários. O banco disponibiliza o pacote para os clientes que mantêm um saldo mínimo de US$ 20 mil ou uma hipoteca mínima de US$ 160 mil. O Bonviva inclui uma conta corrente de graça, uma redução

	Padrão	Comfort	Exclusive
Preço por mês (em euros)	5	8	11
Gerenciamento de conta corrente	X	X	X
Banco *online*	X	X	X
Cartão de débito	X	X	X
Juros para conta especial		X	X
Cartão de crédito		X	
Seguro de acidentes pessoais para transporte público		X	
Cartão de crédito Ouro			X
Seguro de saúde para viagem			X
Seguro para automóvel (no exterior)			X
Seguro para despesas de cancelamento de viagem			X
Serviço de atendimento rápido em viagens			X

Fonte: Simon-Kucher & Partners

FIGURA 6.3 Pacotes oferecidos pelo Bank42.

de 50% no pagamento do cartão de crédito no primeiro ano, um cartão de débito de graça, taxas de juro mais favoráveis e cheques-viagem livres de comissão. Mas também inclui serviços de emergência (por exemplo, serviços de chaveiro), uma revista de estilo de vida com ofertas especiais para eventos e oportunidades de viagem, assim como uma variedade de descontos em hotéis, locadoras de automóveis e restaurantes.

Promova seus produtos intensamente se você conhece o impacto real

Qual retorno financeiro as empresas realmente recebem por seus gastos em propaganda e promoção? A pergunta é tão velha quanto a propaganda em si. Em seu livro *Scientific Advertising*, originalmente publicado em 1923, o pioneiro em propaganda Claude C. Hopkins criticou as atividades de expansão de mercado de uma empresa dizendo que "o objetivo é elogiável, mas altruísta. O novo negócio que ele criou é dividido com os concorrentes. Ele se pergunta por que seu incremento em vendas não é compatível com sua despesa".[8] Quando mal orientados ou escolhidos no momento impróprio, os esforços promocionais equivalem a contribuições de caridade para os concorrentes.

Quando um de nossos clientes lançou um novo tratamento médico para problemas respiratórias, procurou saber se deveria investir em atividades de expansão de mercado nos primeiros 12 meses após o lançamento. Nesse caso, na maioria dos mercados com um intermediário (nesse caso, o médico que prescreve o medicamento), a empresa precisaria equilibrar seus investimentos em *marketing push* e *pull*. Pode parecer adequado para a empresa investir pesadamente em ambas as áreas, especialmente com um novo produto. Uma maior promoção *push* da equipe de vendas incentivaria os médicos a prescrever seu medicamento mais freqüentemente, e mais *pull* induziria mais pacientes a consultar seus médicos para conseguir tratamento para a condição deles.

Igualmente convincente, contudo, é a teoria de que há uma forma otimizada de equilibrar o período e a quantidade de investimentos nas atividades de *push* (propaganda para intermediários para que esses estimulem as vendas) e *pull* (propaganda ao cliente final para que esse demande o produto). Não gaste nada ou gaste no momento errado, e você não pode esperar, de modo realista, um incremento nas vendas. Gaste muito, e a lei dos baixos retornos se estabelece. Você provavelmente cairia na armadilha que Hopkins descreveu anteriormente, na medida em que faz um favor para os concorrentes, patrocinando o aumento das vendas deles. A resposta, então, está em algum lugar entre esses extremos.

Essa cabo-de-guerra teórico pode não ter a mesma tensão que a Bedrock Entertainment enfrentou no Capítulo 5, mas a solução foi parecida. O cliente solicitou a evidência adicional do mercado. Decidimos examinar os dados de gastos com promoção, de vendas e de participação de mercado para outros medicamentos também prescritos, o que nos permitiu tirar conclusões sobre o que funciona, o que não funciona e o que a empresa deveria fazer com sua verba promocional.

As atividades de expansão de mercado por trás dessas "bombas de demolição" seguiam todas um padrão similar. Eles começaram focando a estratégia *push* para penetrar o mercado, tirar a participação de mercado dos concorrentes existentes e estabelecer um ponto claro de diferenciação. Scott A. Neslin da Tuck School of Business, em Dartmouth, revelou que o dinheiro investido em atividades diretas de vendas voltadas aos médicos gerava nos primeiros três anos para medicamentos lançados entre 1997 e 1999 um retorno de US$ 10,29, quase o dobro do retorno de jornais de propaganda médica.[9] Então, fazia sentido enfatizar atividades de *push* nesse estágio.

O risco surge ao começar a segunda fase, que é a expansão de mercado. Você tenta aumentar o número de pacientes tratados com medicamentos prescritos. Os agentes fabricantes de redutores de colesterol, como Zocor e Lipitor, investiram pesado na expansão de mercado aumentando a promoção *pull*, caracterizada por propaganda direta ao cliente. A propaganda direta ao cliente do Imitrex, o remédio pioneiro para enxaqueca da Glaxo-SmithKline, oferecia um breve questionário para ajudar os pacientes em potencial a distinguir entre dor de cabeça "normal" e enxaqueca.

Esse tipo de diferenciação é o ponto crítico. Como Hopkins indicou, você sempre encontrará outras empresas atuantes no setor ao investir em atividades de expansão de mercado – assim, seus concorrentes vão se beneficiar até certo ponto. Quanto maior a sua diferenciação, no entanto, menor é a possibilidade de você criar transferências significativas para os seus concorrentes.

A droga antidepressiva Paxil não tinha uma mensagem diferenciadora clara quando seu fabricante tentou incrementar sua participação no mercado de um tipo de droga chamada inibidores seletivos de recaptação de serotonina (SSRIs – *selective serotonin reuptake inhibitors*), no qual já haviam muitos concorrentes. Essas drogas ajudam a regular o nível do hormônio serotonina no cérebro, responsável pelo humor e pelas emoções. Nossa análise de regressão dos dados de mercado mostrou que a empresa ganhou somente vinte centavos para cada dólar gasto em propaganda direta aos clientes potenciais do Paxil. A campanha *push* obteve êxito no crescimento de mercado, mas não trouxe para o Paxil o ganho de participação de mercado para justificar o investimento.

O investimento em propaganda direta ao consumidor das companhias farmacêuticas tende a atingir o pico três ou quatro anos após o lançamento, antes de diminuir significativamente. A análise de *benchmark* mostrou que as companhias farmacêuticas usam melhor suas verbas de propaganda quando se focam em *marketing push* até que estabeleçam uma base e um ponto claro de diferenciação. Nesse ponto, o equilíbrio muda fortemente para o *marketing pull*. Quanto maior for seu ponto de diferenciação, menores serão as chances dos concorrentes se beneficiarem mais do que você com suas atividades de expansão de mercado.

Embora o momento preciso da mudança de *push* para *pull* possa diferir de um setor para outro, essa questão é digna de exploração quando um intermediário exercer uma influência muito forte na escolha do produto pelos clientes finais. Esses intermediários incluem revendas com valor agregado, corretores de seguro, consultores de investimentos ou concessionárias com múltiplas marcas em seus estabelecimentos.

Resumo

A chave para encontrar e recuperar lucros ocultos é fazer mudanças sutis no seu *mix* de *marketing* para exercer todo seu poder. Muitas empresas em mercados maduros têm espaço para aperfeiçoamento na forma como segmentam os clientes; selecionam os produtos, serviços e pacotes que ofereçem; e investem em promoções.

A base tradicional para segmentar os clientes é quanto eles compram (volume) e onde eles estão (região). Esse encaminhamento é obsoleto na maioria dos casos porque os executivos agora têm muito mais dados e poder analítico disponíveis. Uma base mais rentável para segmentar os clientes é por preferência e, especialmente, disposição de pagar.

Depois de entender clara e objetivamente as preferências e a disposição de pagar, você pode tomar decisões melhores sobre quais produtos e serviços oferecer e como agrupá-los. Em muitos casos, o desagrupamento é uma estratégia sensata, porque uma grande disposição de pagar permite que você ganhe dinheiro. Em outros casos, a pesquisa junto ao cliente pode ajudar a entender o que incluir em um pacote e como estabelecer seu preço para otimizar seu lucro.

O maior risco em gastar em promoções é que você pode ajudar os concorrentes mais do que a você mesmo. Período e foco fazem a diferença. Seu dinheiro é mais bem gasto quando você pode orientar um segmento específico de clientes (e, se apropriado, distribuidores) para seu produto, em vez de estimular as vendas para todo mercado.

Ter a segmentação, os produtos e as promoções certas é essencial. O preço, no entanto, é o elemento mais poderoso no *mix* de *marketing*. O próximo capítulo mostra como os executivos orientados para o lucro vêem a relação preço/valor diferentemente dos executivos focados em participação de mercado, e como podem aumentar os preços de forma lucrativa.

CAPÍTULO 7

Aumente os Preços para Obter o Lucro que Você Merece

Preços baixos e lucros altos raramente vêm juntos.
—Peter Drucker[1]

AUMENTAR OS PREÇOS – e quando como, em quanto e por que – é uma das decisões mais importantes que um gerente precisa tomar em um mercado maduro. Também é uma das mais complicadas e arriscadas. Talvez não pareça assim à primeira vista, pois os gerentes podem mudar os preços instantânea e freqüentemente, com pouco ou nenhum gasto. As companhias aéreas mudam os preços várias vezes ao dia.

Essa enorme flexibilidade deixa os gerentes propensos ao abuso de preços. De todos os elementos do *mix* de *marketing* clássico, o preço é o mais flexível a curto prazo e o mais potente. Isso o torna uma arma de escolha para os gerentes impregnados em uma cultura de agressão ou de reação. Pense novamente na guerra de preços da Dell no mercado de computadores pessoais, que citamos no Capítulo 2. As alterações de preço cortaram os lucros da Dell em aproximadamente US$ 2 bilhões e transformaram o setor em uma "terra dos lucros perdidos".[2] Este é o lado destrutivo do *marketing*.

Entenda as implicações do aumento de preço

Explorar o outro lado do *marketing*, o lado construtivo, começa com a compreensão do vínculo existente entre o valor ou o desempenho que você entrega e os preços que pode cobrar. O preço é o espelho do valor. É o seu instrumento para extrair valor dos clientes. A Figura 7.1 mostra como dimensionar esses dois aspectos. Você vai perceber uma faixa diagonal que chamamos de *corredor da consistência*. Se você dimensionar o preço dos produtos em um mercado em relação ao valor percebido aos olhos dos clientes, o resultado deveria se enquadrar neste corredor.

As empresas com potencial oculto de lucros geralmente têm seus produtos e serviços muito abaixo no corredor da consistência. Pense na empresa Peninsula Auto Alloys do Capítulo 3, que achava que os clientes tinham tudo como algo líquido e certo e portanto não cobrava preços que refletissem o verdadeiro valor entregue.

No Capítulo 5, a Kleber Enterprises aprendeu como poderia entrar no corredor depois de realizar pesquisas com seus clientes. A Kinston entrou no corredor no Capítulo 5 aprendendo quando deveria oferecer descontos mais restritivos, que são, na essência, um aumento de preço.

Mas nem todos os produtos se enquadram aqui. A Cortez, no Capítulo 4, usou a ferramenta do julgamento especializado para descobrir que, na verdade, se encontrava realmente no corredor da consistência e deveria abrir mão de qualquer mudança de preço que a faria sair do corredor.

Na Figura 7.1, você pode ver três modos úteis através dos quais as empresas podem aumentar os preços. O aumento de preço pode envolver muito mais do que simplesmente elevar os preços em x por cento. Você pode aumentar os preços oferecendo

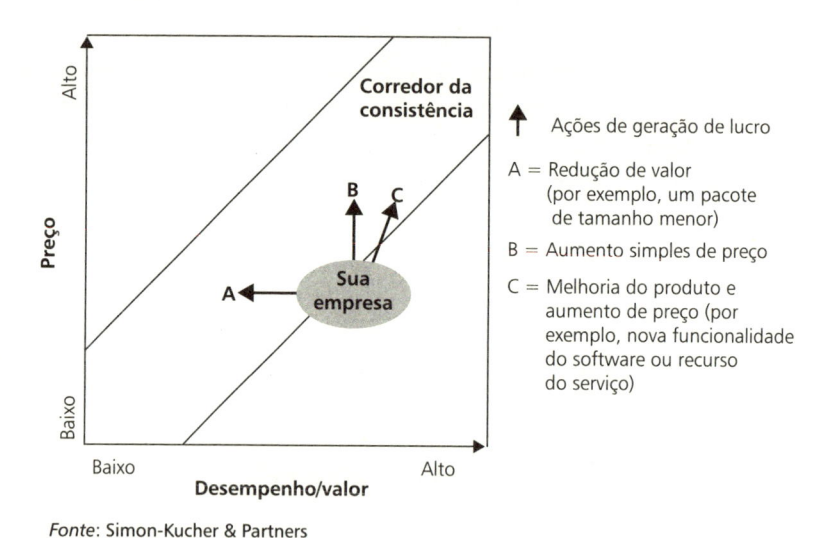

Fonte: Simon-Kucher & Partners

FIGURA 7.1 Ações de geração de lucro que as empresas podem empreender envolvendo valor e preço.

menos valor pelo mesmo preço. Essa decisão é marcada com "A" na Figura 7.1. Pense nos fabricantes de doces que reduziram o tamanho dos pacotes sem reduzir os preços. Dá para aumentar os preços diretamente sem alterar a forma como você atende seu cliente ou o que você oferece a ele. Esta seria a decisão marcada com a letra "B". Ou você pode fornecer a seus clientes um valor adicional e cobrar adequadamente por ele. Esta opção seria a "C".

As empresas agressivas em termos de preços movimentam-se de forma consciente e deliberada em termos de *marketing* na direção contrária, e, para atacar, oferecem aos clientes mais valor pelo mesmo preço ou o mesmo valor a preços menores. As empresas de tecnologia se movimentam, com freqüência, agregando mais valor a seus produtos, mas cobrando preços menores. A Sony, a Nintendo e a Microsoft geralmente fazem movimentações desse tipo quando buscam vantagens no mercado de consoles para videogame.

Dedicamos boa parte deste capítulo à exposição da forma como as empresas realizam as ações mostradas na Figura 7.1. Em particular, apresentamos exemplos de aumentos de preço puros e aumentos de preço baseados em valor agregado (através de melhorias de produto ou melhores serviços). O Capítulo 8 mostra vários exemplos do poder destrutivo do *marketing* e como você pode não tomar essas decisões destrutivas.

Quando as empresas deste capítulo levantaram os preços, elas combinaram as técnicas dos seis primeiros capítulos – pressuposições puras baseadas em fatos, apreciação da resposta de preço, análise de dados internos, pesquisa baseadas em hipóteses com os clientes e segmentações baseadas em preferência – para lhes dar a coragem e a confiança para erguer os preços quando a sabedoria convencional teria sugerido o contrário. Os casos incluem não apenas um fornecedor industrial, mas também um provedor de Internet muito conhecido e uma equipe de beisebol da liga profissional americana.

Aumente os preços se você puder oferecer uma melhor proposição de valor

Em primeiro lugar, focamo-nos em uma empresa que usava a pesquisa baseada em hipótese para descobrir como mudar sua estrutura de preço e capturar uma grande quantidade de lucro adicional. Essa empresa tomou uma decisão do tipo "C" na Figura 7.1, aprendendo como fornecer aos clientes valor adicional e depois extraí-lo através de preços maiores e uma estrutura diferente de preço.

ESTUDO DE CASO

Problema: extrair mais valor com preços mais altos

Empresa: Pluspumps
Produto: bombas especializadas
Fonte: projeto da Simon-Kucher & Partners

Em muitos setores, de *softwares* a bens duráveis, os gerentes avaliam o valor do que compram examinando o custo do ciclo de vida ou o custo total de propriedade, o chamado TCO (*total cost of ownership*). Como seria de esperar, pelo menos um competidor nesses mercados vai tentar se diferenciar prometendo o TCO mais baixo. O competidor defende o custo inicial da compra de seus produtos salientando a longevidade do produto, os baixos custos de manutenção e operação ou o alto valor de revenda. Este tipo de abordagem de preço funciona se o TCO for realmente uma questão muito importante para os clientes. Apenas então faz sentido defender um alto preço com um TCO comparativamente mais baixo. Apenas porque a lógica funciona para muitos bens de investimento, no entanto, não significa que os clientes de outros produtos vão automaticamente abraçá-la.

Esta foi a lição que os clientes ensinaram à Pluspumps, que vende bombas especializadas para materiais viscosos.[3] O desgaste e o estrago deste trabalho pesado limitam o tempo de vida útil da bomba. A administração da Pluspumps destacou o valor de seus produtos e baseou os preços no custo do ciclo de vida. Ela passou a qualificar seus lançamentos, levando em consideração o preço de compra, os custos operacionais, a manutenção, peças sobressalentes e tempo de vida útil do produto.

Quando começamos a investigar onde poderia haver um potencial inexplorado de lucros, desafiamos a administração com uma hipótese herética: talvez os clientes não comprassem bombas por causa dos custos do ciclo de vida. Em outras palavras, talvez os clientes não se incomodassem com a análise detalhada orientada a custo da qual a Pluspumps se orgulhava tanto.

Entrevistas aprofundadas com os clientes comprovaram essa hipótese. De dez fatores importantes na decisão dos clientes de comprar uma bomba, o custo do ciclo de vida ficou próximo do último lugar. O fator número 1 era a confiabilidade, seguida pela disponibilidade das peças sobressalentes. A lógica dos clientes para essas classificações fazia sentido. O investimento em uma bomba era minúsculo se comparado com o investimento na planta inteira, mas a confiabilidade das bombas era essencial. A falha de apenas uma bomba poderia causar a interrupção das atividades da planta inteira. A perda resultante da produção custaria à empresa bem mais do que as próprias bombas. Embora fosse bom conhecer o custo do ciclo de vida, ele não tinha um papel importante na decisão de compra.

Devido a essa informação, a Pluspumps parou de basear as cotas de preço em seu "tesouro escondido" das informações de custo. Em vez disso, aumentou o preço de venda significativamente, mas disponibilizou uma gama de peças sobressalentes aos clientes no local. Isso garantiu uma disponibilidade imediata e ajudava os clientes a reduzir ou impedir tempo de parada caso uma bomba falhasse. Os custos da Pluspumps subiram aproximadamente 5%, mas os preços de venda cresceram 10 sem perda de volume. A equipe tinha encontrado um jeito de atingir preços mais altos e conceder aos clientes uma melhor negociação ao mesmo tempo. Todo o processo, incluindo o novo treinamento da força de vendas e a liberação dos novos materiais de comunicação, levou menos de seis meses para ser realizado.

A Pluspumps tinha dado uma segunda olhada oportuna em um produto cuja proposta de valor no mercado parecia óbvia para a empresa. O que ela aprendeu ajudou a se remodelar, e não o seu produto. Ela obteve maior receita por transação sem apertar nem substituir um único parafuso no produto físico. Em vez disso, capturou seu lucro incremental entendendo o jeito de pensar dos clientes.

Aumente os preços para preservar os lucros em um mercado em declínio

Pense em um de seus produtos ou serviços que sofre uma concorrência cada vez mais intensa. Pergunta rápida: os preços para aquele produto ou serviço são muito altos? A maioria dos gerentes responderia que sim, são, particularmente para os produtos em um mercado em declínio. Um dos três eventos que geralmente dão início a esse declínio: o concorrente pode ter sentido que o lucro em seu mercado é tão grande que deseja aproveitar uma parte para si, ou acabando com um das vantagens da concorrência ou aceitando menos lucro do que você; uma empresa pode ter desenvolvido uma tecnologia que torna seu produto obsoleto, como o editor de textos fez com a máquina de escrever; ou, em casos raros, uma empresa consegue produzir mercadorias ou serviços comparáveis a custos substancialmente menores ou mais sustentáveis.

Independentemente das circunstâncias, seu produto ou serviço atingiu o pico. Agora você enfrenta o que é, muito provavelmente, a última encruzilhada importante no ciclo de vida do produto. Como você deveria lidar com esse declínio? Preços menores revitalizariam o negócio ao disputar com a concorrência e manter seu volume em um alto nível? A prevenção e a sabedoria convencional recomendaria cortes de preços. Sugerimos uma alternativa quando você tem um produto que parece destinado a um lento crescimento, declínio ou até mesmo à obsolescência: manter os preços estáveis ou mesmo subi-los, em vez de cortá-los em um esforço de manter ou aumentar o volume. Preços estáveis ou maiores lhe permitem colher a maior quantidade possível de lucro desse negócio.

Para tomar essa decisão, você precisa pensar nas conseqüências em dois níveis. Você deseja tomar a melhor decisão agora, mas quer evitar fazer alguma coisa que poderia, na verdade, acelerar o declínio de seu negócio ou limitar seu espaço para tomar decisões nos próximos meses. Você também precisa saber exatamente onde está na curva de lucros na Figura 3.1 (consulte o Capítulo 3). Preços mais baixos podem, de fato, gerar lucros maiores para você, mas se e apenas se os preços atuais forem maiores do que o preço que lhe daria o pico no nível de lucro. Isso funcionou para a Kent Molding em um de seus clientes (consulte o Capítulo 4), mas a situação da Kent é uma exceção à regra. Os preços da maioria das empresas são simplesmente muito baixos, mesmo quando o setor está em declínio e a tentação é grande para chutar o balde e sair do negócio rapidamente.

A America Online (AOL) se recusou a chutar o balde em seu serviço de Internet discada. Estimamos que a decisão de erguer os preços garantiu à empresa um lucro extra de US$ 70 milhões em um mercado que se dirigia para um forte declínio.

ESTUDO DE CASO

Problema: em quanto mudar os preços antecipando o declínio de mercado

Empresa: America Online
Produto: serviço de Internet discada
Fonte: análise de informações públicas e entrevistas com especialistas de mercado

Temos muitos elogios a fazer à equipe de administração da AOL por duas decisões tomadas em 2001, quando o mercado de Internet discada mostrava sinais de encolhimento.[4] Em primeiro lugar, ela não apenas evitou o corte de preços, como também os aumentou, apesar de claras ameaças da concorrência. Em segundo lugar, comunicou com astúcia suas intenções ao mercado antes da decisão real. Analisamos o primeiro ponto agora, e o segundo, no Capítulo 10.

No começo de 2001, a recém-criada AOL Time Warner vivia uma batalha de participação de mercado pelo serviço de Internet discada. Embora o MSN da Microsoft tivesse se tornado mais agressivo em seu *marketing*, o EarthLink bateu a AOL nos anúncios de televisão. A NetZero entrou no mercado por menos da metade do preço mensal da AOL. Para piorar ainda mais as coisas, surgiu uma ameaça tecnológica: a banda larga.

O que a AOL deveria fazer? A resposta automática seria: baixar os preços para proteger o negócio. Mas a AOL ignorou o rumo comum e aumentou os preços, em maio de 2001, de US$ 21,95 para US$ 23,90 por mês. Para entender a motivação da AOL e o que a mudança de preço significava, descobrimos que quatro fatores desempenharam um papel fundamental:

- A AOL sabia que tinha altas barreiras de mudança, pois sua clientela – convencida do bordão "tão fácil de usar, por isso é a número 1" – relutaria em mudar para outra coisa. As pessoas que trocassem perderiam os endereços de e-mail e as listas de amigos. Começar tudo do zero não valeria a pena.

- A AOL sabia que o crescimento de assinaturas logo começaria a perder ritmo. A empresa tinha cerca de 23 milhões de assinantes, aproximadamente quatro vezes mais do que o MSN, que acompanhava os movimentos da AOL. Se o crescimento diminuísse, atrair novos assinantes com um preço reduzido seria menos relevante, e aumentar a receita média por usuário, mais relevante.

- Os custos da AOL tinham subido de forma significativa, pois seus assinantes apreciaram as vantagens do serviço de baixo custo. Como sempre mantivera uma margem fixa no setor discado (essencialmente, uma estratégia *cost-plus*), a AOL precisaria de um preço maior para restaurar o equilíbrio – ou seja, preservar sua margem fixa.[5]

- A AOL, por fim, sabia que a banda larga destruiria o negócio discado. O aumento de preço era o primeiro movimento consciente para uma estratégia de saída. Quando a empresa revelou sua estratégia de banda larga, a base de assinantes domésticos já tinha caído 13%, aproximadamente 20 milhões de pessoas. Mas, no 15º mês entre o aumento de preço e o anúncio da banda larga, a empresa tinha angariado US$ 1,95 extra, todos os meses, dos 20 milhões de clientes que ficaram.

A AOL não recebia mais o pagamento mensal dos 3 milhões de assinantes que perdera. Mas, se você comparar os resultados reais com um cenário ao estilo "não fazer nada", vai ver que a AOL tinha melhorado a situação, aumentando os preços. Ela gerou entre US$ 70 e US$ 100 milhões em receitas extras, se partirmos do princípio de que metade dos clientes que deixaram a AOL o fizeram por causa da banda larga. Como o simples ato de aumentar os preços não criou custo extra, boa parte dessa receita entrou no resultado financeiro como lucro puro. Nossas estimativas também são conservadoras, pois a base de assinantes da AOL, na verdade, continuou crescendo com força por vários meses, mesmo depois do aumento de preço, antes de começar seu declínio antecipado.

Pensando nas conseqüências e examinando as opções, a AOL achou um jeito lucrativo e contra-intuitivo de gerenciar o declínio, resistindo à tentação de buscar algum plano heróico para lutar por participação de mercado e "resgatar" o negócio discado.

Aumente os preços para alguns segmentos de clientes

Como uma empresa deve aumentar os preços para segmentos específicos, especialmente quando o envolvimento dos clientes no produto é muito alto? Vamos adicionar outra peculiaridade a esta questão e dizer que a mídia vai escrutinar cada alteração de preço que você fizer, bem como a lógica por trás dela. Como isso ocorre freqüentemente nos esportes, vamos descrever o processo que o time de beisebol do Toronto Blue Jays usava para estabelecer os preços de uma única partida na temporada de 2004.

A situação do Blue Jays é mais complicada do que a da AOL ou a da Pluspumps, pois o time oferece lugares em muitas categorias diferentes de preços. Cada uma das categorias corresponde a um nível diferente de valor, dependendo, por exemplo, do quão próximo está o gramado. Assim, o Blue Jays têm pontos de valor/preço em toda a Figura 7.1. O time precisava saber quais colocar no corredor da consistência, quais colocar fora, e que mudanças precisava fazer para agrupá-los em um corredor consistente.

ESTUDO DE CASO

Problema: estabelecer preços para os ingressos de um único jogo

Empresa: time de beisebol Toronto Blue Jays
Produto: ingressos da liga nacional de beisebol
Fonte: projeto da Simon-Kucher & Partners

A ubiqüidade dos esportes, a sedução das instalações luxuosas nos novos estádios e os salários que os jogadores ganham, reforçam a impressão de que o esporte é um grande negócio. O Toronto Blue Jays, um grande time da liga nacional de beisebol, não é uma exceção. Propriedade da Rogers Communications, uma grande empresa de comunicações do Canadá, o time joga no Rogers Centre (antigamente chamado de SkyDome), o primeiro estádio construído com teto retrátil. Eles assinaram a renovação do contrato do premiado *pitcher* Roy Halladay, que pagará ao atleta US$ 42 milhões em quatro anos.[6] Apesar dessas armadilhas, no entanto, o beisebol se parece mais uma coleção de empresas familiares menores do que um "grande negócio" monolítico.

"A indústria precisa se sofisticar", disse Steve Smith, ex-vice-presidente de vendas de ingressos do Blue Jays. "Mesmo hoje o beisebol ainda parece que está nos dias de ontem, quando todos os clubes eram essencialmente pequenas empresas."[7]

A questão-chave é por onde deveria começar essa sofisticação. Poucas empresas do mundo se prestam à quantificação de forma tão fácil quanto o beisebol. Equipes como o Oakland A's, o Boston Red Sox e os próprios Blue Jays possuem sistemas quantitativos muito elaborados para avaliar os jogadores e quanto deveriam pagar para eles.

Nenhum clube, no entanto, tem uma infra-estrutura igualmente avançada para determinar quanto os torcedores pagariam para ver jogos isolados ou pelo pacote para toda a temporada, que responde por um a dois terços da receita de um clube. A ironia é que eles têm os dados certos disponíveis, por exemplo, quanto as pessoas pagaram para sentar em qual lugar para ver qual jogo. Eles simplesmente precisavam usar esses dados para gerar respostas, mais ou menos como a Casual Male fez com seus dados históricos no caso do Capítulo 4. Como afirmou o colunista esportivo Vicki L. James, a resposta para saber como gerenciar o negócio baseado em dados "está fora da abordagem tradicional dos esportes e dentro das estratégias que se mostraram bem-sucedidas em outros setores".[8]

Tradicionalmente, as equipes esportivas cobram o mesmo preço por um determinado lugar em todos os jogos. Seguindo a tendência de outros times em esportes profissionais e universitários, o Blue Jays lançou a política de preços variáveis, querendo dizer que os ingressos para alguns jogos são mais caros ou menos caros, dependendo de quando o jogo é realizado e quem é o adversário. A experiência de outras equipes com essa política de preços variáveis se mostrou inconclusiva em termos de geração de receita. Fora dos relatos informais, ninguém sabia ao certo se ajudou ou prejudicou a receita e o lucro da equipe.

Quando o Blue Jays avaliou seu próprio esquema de preços variáveis e decidiu se o mantinha para a temporada seguinte, surgiram oponentes e apoiadores. Exatamente como se viu no caso da Bedrock (consulte o Capítulo 5), os dois lados tinham pilhas de argumentos que poderiam apresentar com eloquência. Os opositores do sistema sentiram que os preços variáveis confundiam os torcedores. Eles duvidavam que houve diferença financeira importante. Os apoiadores argumentavam que a diferenciação ajudava a aumentar a receita, pois tinha mais a ver com a disposição de pagar.

O escritório principal do Blue Jays estava unido na crença de que o clube poderia encontrar oportunidades para gerar mais receita. Mas não tinha certeza se a política de preços variáveis tinha cumprido seu papel. A dificuldade no debate, como sempre, era o senso comum, que alegava que o desempenho no campo explica 80% da presença. Ninguém no Blue Jays, não obstante, tinha submetido esta posição a um teste rigoroso.

Para estabelecer qual era a situação, os defensores da idéia aceitaram o fardo da prova. Nós os ajudamos a construir um modelo baseado na análise multivariada de regressão, que poderia prever o comparecimento em um conjunto particular de jogos e também poderia isolar os fatores que influenciavam esse comparecimento em cada sessão do Rogers Centre. O Blue Jays colocou os dados de status para funcionar a fim de gerar respostas e depois construir cenários ao estilo "e se", para determinar que grupo de preços geraria a receita mais alta. (Como consideramos o custo marginal da venda de ingresso desprezível, o aumento na receita se igualaria ao aumento nos lucros do Blue Jays.)

Para recolher os dados brutos, criamos uma estrutura de dados combinando as informações de bancos de dados separados e mantidos de forma independente. O resultado foram mais de 5 milhões de tipos de dados, incluindo o preço real pago para cada grupo em cada jogo.

Como o Blue Jays oferecia inúmeros descontos promocionais para apenas um jogo durante todo o campeonato, o preço real pago pelo ingresso variava por lugar e por jogo, mesmo quando o valor de face não. Essa fonte valiosa de variação nos preços da vida real nos permitiu examinar a resposta e a elasticidade dos preços. Além do preço do ingresso, incluímos inúmeras outras variáveis na análise, incluindo o adversário, dia da semana, mês, brindes (como chapéus), a posição do time na tabela, a duração da tendência de vitórias ou derrotas e se a equipe de hóquei Toronto Maple Leafs jogava naquela noite.

Nossas duas principais constatações foram claras. Em primeiro lugar, apenas quatro variáveis influenciavam no comparecimento ao Rogers Centre: preço do ingresso, dia da semana, mês e adversário. Em segundo lugar, o impacto de cada variável diferia muito por setor no estádio – ou seja, por segmento de cliente. Nenhum fator isolado influenciava o comparecimento de forma igual em todo o estádio. As duas medidas de "vitórias" – posição na tabela e tempo da fase de vitória/derrota – tinham um forte impacto apenas em certos setores, e não no mesmo grau consistente que os quatro principais fatores citados anteriormente. Outras variáveis, como a agenda do Maple Leafs, igualmente influenciavam muito o comparecimento em certos setores do estádio, mas nada em outras. Parecia que cada área do estádio atraía um segmento diferente de clientes, com preferências diferentes dos torcedores que iam nos setores vizinhos.

Autorizada pela disponibilidade dos dados relacionados aos setores do estádio, a administração do clube poderia estimar agora as conseqüências financeiras de suas decisões, e construir cenários "e se". Eles teriam mais ou menos noites com bons negócios? O quanto mais ou menos poderiam alterar o preço dos ingressos para certos adversários ou em certos dias da semana? Como o comparecimento mudaria à medida que se ampliasse ou diminuísse a lacuna entre o preço dos ingressos em áreas diferentes do estádio?

As evidências também forneciam um respaldo concreto para certas hipóteses que os dirigentes do clube já tinham. Rob Godfrey, vice-presidente de comunicação e relações externas do time, defendeu com fervor que o clube cobrasse significativamente menos por certos lugares no SkyDeck, o anel de lugares existentes na arquibancada mais alta do estádio. O modelo não apenas confirmava sua desconfiança, como também ajudava o Blue Jays a decidir até onde eles poderiam ir para reduzir os preços.

A Figura 7.2 mostra como o Blue Jays ajustou o preço dos ingressos em jogos "normais" em 2002 em relação a 2003. Devido a nossas recomendações, eles aumentavam os preços dos melhores lugares, em reconhecimento dos fatores que promoviam o comparecimento no Rogers Centre. Nos jogos "importantes", os preços seriam levemente maiores do que os mostrados na Figura 7.2 e levemente menores nos jogos correntes. Todos os índices são em dólares canadenses. Os preços também subiram um pouco em alguns lugares do SkyDeck (os dois pontos de dados à esquerda), mas essa mudança era mais do que contrabalançada por uma drástica redução nos preços em outros lugares do SkyDeck (o terceiro ponto de dados a partir da esquerda). Nos jogos correntes, os preços de todos os lugares no SkyDeck seriam de apenas US$ 2.

Uma restrição final na tomada de decisão de qualquer equipe esportiva é a aceitação do público, que depende de como a imprensa local responde às mudanças. Neste caso, a imprensa respondeu positivamente às mudanças e à lógica por trás delas. Um colunista comentou que "boa parte dos novos aumentos de preço aparecem na parte de cima da tabela de preços, na qual um pulo de US$ 8 não vai causar irritação nos mais ricos. Por isso, encaremos isso como uma vitória das pessoas comuns".[9]

Smith e Godfrey levaram o processo de determinação de preços do Blue Jays para um nível mais objetivo. Munidos do modelo e de uma melhor visão do que gera o comparecimento do público ao estádio, o Blue Jays poderia colocar os números por trás de suas suposições. Eles poderiam estimar o quanto certas decisões lhes custariam e o que certas decisões lhes trariam.

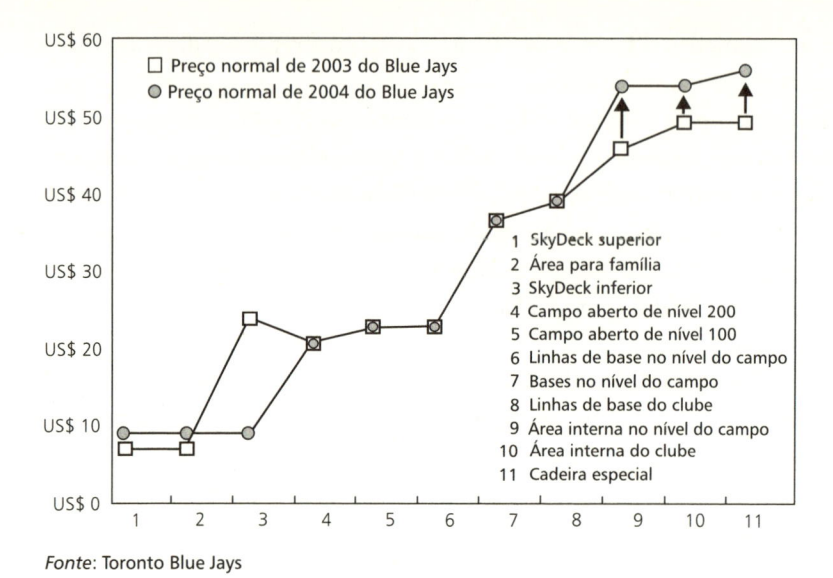

FIGURA 7.2 Preços dos ingressos para um único jogo do Toronto Blue Jays, antes e depois das mudanças nos preços.

Tanto o caso do Blue Jays quanto o da Casual Male mostram o que uma empresa pode realizar e como mudanças rápidas podem ser fundamentais quando ela sujeita sua tomada de decisão a um processo mais rigoroso e quantitativo. No caso do Blue Jays, o comparecimento e a receita aumentaram na primeira temporada depois da implementação da nova estrutura de preços, embora o time tenha terminado a temporada com uma relação pior de vitórias/derrotas do que no ano anterior.

Use o preço como indicador do valor para um produto de "baixo investimento"

Como as empresas devem capturar lucros extras quando os clientes não se importam muito com o que pagam, ou porque lhes falta tempo para pesquisar a negociação ideal ou porque precisam comprar o produto com urgência?

Admita: em algum momento de sua vida, você assistiu ao jogo *The Price Is Right*, e se sentiu feliz quando um participante não conseguiu adivinhar o preço exato do forno de microondas ou do pacote de macarrão e do queijo, e você conseguiu. Mas, quando a maioria de nós entra em uma loja de eletrodomésticos ou de departamentos, tornamo-nos participantes ruins.

Em uma semana recente, os autores se aventuraram a comprar um cadeado, uma pá de neve, pratos de papel, uma torneira e uma máquina de fax. Nenhuma compra foi planejada, e nosso único estímulo era a curiosidade ou a necessidade repentina. Nenhum de nós dois tinha alguma idéia de quanto essas coisas custavam ou deveriam custar. Nem fizemos nenhuma pesquisa substancial de antemão. Mas saímos da loja com o sentimento de que tínhamos feito um bom negócio, talvez um ótimo negócio. Vamos usar a compra do cadeado para mostrar como o varejista pode ter deixado passar oportunidades de lucro.

Agora sabemos que você não pode simplesmente ir a uma loja de utilidades domésticas e esperar comprar um cadeado. Há muitos tipos de cadeados. Você tem vários tipos para escolher, e os preços variam de US$ 5 a US$ 12. A menos que você tenha um conhecimento escondido no cérebro para lhe deixar em vantagem, você seguiria um de três caminhos:

- Comprar o mais barato, pois não há nada especial no cadeado de que você precisa.

- Comprar o mais caro, na crença de que não custa tanto dinheiro assim e que o mais caro deve ser o melhor.

- Comprar o que tem o preço intermediário, para que você não tenha nem o de menor qualidade, nem o de preço mais alto.

O autor em questão adotou o terceiro caminho e pagou US$ 8 por um. Fazendo isso, ele se tornou um exemplo do que se conhece como *efeito de compromisso*, segundo o qual as marcas e produtos obtêm participação de mercado quando formam a opção intermediária em um conjunto de alternativas.[10] Mas e se o intervalo de preço tivesse sido de US$ 8 a US$ 12, e não de US$ 5 a US$ 12? Ele disse que, provavelmente, ainda teria comprado o cadeado com o preço do meio, pelas mesmas razões.

Este fenômeno fornece aos varejistas a oportunidade de usar o próprio preço como indicador do valor. Irracionalmente ou não, a maioria das pessoas associa, de forma reflexiva, os preços mais baixos com a menor qualidade e os preços mais altos com a maior qualidade. A menos que dêem uma olhada mais de perto para ver se realmente estão recebendo um valor justo pelo dinheiro, elas usam essa avaliação reflexiva como base para decidir a compra.

A verdade é que a única razão pela qual uma pessoa sabe quanto um cadeado deve custar é o valor que os grandes vendedores do varejo nos dizem que deve ter. De forma razoável, eles têm uma liberdade considerável na hora de estabelecer preços para os produtos que os clientes individuais compram com freqüência. Este fato sozinho significa que podem ter uma visão geral panorâmica do potencial para lucros maiores. Vamos dizer, apenas para argumentar, que a The Home Depot aumente em 100% o preço de seus cadeados. Ela adquire o cadeado de 8 dólares por 4. Se a loja cobrasse 10 dólares pelo cadeado e estreitasse o intervalo de forma que este ponto de preço ficasse no meio, ela ganharia 50% a mais pelo cadeado. O lucro mais do que dobraria nos cadeados de US$ 5 se ela cobrasse US$ 8 por eles para ancorar o extremo inferior do intervalo.

Este preço é exorbitante? Em um estado de emergência, como um desastre natural, cobrar preços mais altos pode violar as leis de estado e a ética comercial. Mas, no curso normal dos negócios, certamente não é um preço exorbitante. Seu sentimento de que pode constituir um preço exorbitante deriva-se de duas coisas:

- O preço de ancoragem muito menor que lhe demos no começo da história, que fixou sua quadro de referência
- A noção arraigada de que o preço final de um produto deve, de alguma forma, estar vinculado diretamente ao seu custo

Mas você está a par da estrutura de custos da Home Depot, ou da Lowe? Ficaríamos surpresos se estivesse. A menos que você trabalhe para um fabricante de cadeados ou escreva para a revista *Inside Self-Storage* (sim, existe), provavelmente não teria a mais remota idéia do preço no atacado de um cadeado, e em seu momento de necessidade não pensaria muito nisso.

Essas quantias parecem triviais, mas em grandes portfólios podem se acumular rapidamente. Elas representam uma fonte valiosa de lucro em potencial. Para o cliente típico, uma loja de utilidades domésticas é um pouco mais do que uma ampla coleção de produtos de baixo investimento. Para os que praticam hobby ou são usuários constantes, a loja parece muito diferente. Apresentar uma estrutura de preços mais complexa poderia ajudar a manter esses dois segmentos distintos separados. A loja poderia cobrar uma alta taxa inicial em troca de descontos substanciais em certas gamas de produtos na loja. Os usuários constantes aproveitariam essa oferta e receberiam os preços menores de forma usual. Mas, a menos que utilidades domésticas ou jardinagem fossem seu hobby, você nunca aproveitaria a oferta. Você seria livre para escolher qualquer uma das opções, mas provavelmente pagaria os maiores preços fora da prateleira pelo cadeado, pelas pás de neve e pelas torneiras. E apostamos que você nunca tomaria conhecimento que a pessoa de pé atrás de você na fila pagaria menos no caixa pela mesma torneira.

Tenha cuidado ao alterar os preços quando seus custos mudarem

Quando as empresas que pertencem a mercados maduros vêem um aumento vertiginoso nos custos com matéria-prima, geralmente elas caem em outro atalho baseado no senso comum. Elas repassam boa parte do aumento de custos, quando não todo ele, para os clientes, subindo os preços. A matemática é simples. Se os custos subiram 5%, você deve aumentar os preços na mesma proporção e usar os custos maiores como justificativa. Neste caso, os custos podem incluir não apenas matérias-primas e energia, mas também flutuações na taxa de câmbio.

Como ocorre com todos os outros atalhos corporativos que discutimos neste livro, este também tem uma natureza quantitativa e alguma base em fatos.

Mas também tem o potencial perigoso de desorientar os gerentes e fazê-los sacrificar o lucro que merecem. Para entender como isso funciona, pense novamente na curva de lucros da Figura 3.1. Caso seus custos variáveis subam significativamente, o preço otimizado que você pode cobrar – ou seja, o preço que lhe dá o máximo de desempenho em termos de lucros – pode, na verdade, mover-se para a direita. O quão para a direita ele vai se mover vai depender da elasticidade de preço e da magnitude da mudança nos custos. Mas é raramente aconselhável subir os preços na mesma percentagem que seus custos aumentaram. Fazer isso lhe custará dinheiro. Para os casos mais realistas, é correto afirmar que as mudanças de preço devem ser menores do que as mudanças de custo.

A mesma dinâmica se aplica às situações em que os custos variáveis caem significativamente. Neste caso, a curva de lucros deve se virar para a esquerda. O preço com o qual você ganha o lucro mais alto seria, portanto, o menor. Mas novamente, a mudança pode ser muito leve. Este último fenômeno explica por que as empresas com uma vantagem de custo muito grande, como a Dell ou a Southwest Airlines, continuam lucrativas embora cobrem preços que são muito menores do que os da concorrência.

Novamente, salientamos que o mundo que a Dell e a Southwest criaram para si é inalcançável para a maioria das empresas nos mercados maduros. A maioria dos competidores nestes mercados têm uma base de custo semelhante e sentem o mesmo quando os custos com matéria-prima sobem ou caem. Tentar usar uma base de custo marginalmente inferior como argumento para o corte de custos ou um comportamento agressivo é uma forma infalível para colocar seus lucros em risco, como o é a idéia de repassar os aprimoramentos na produtividade totalmente para seus clientes.

Tenha em mente uma questão final sobre repassar as mudanças de custo para os preços. Se os seus custos fixos subirem ou caírem, a mudança não tem absolutamente nenhum efeito para determinar onde está o preço ideal para o lucro. O pico continua onde está. Os locais dos picos e depressões de sua curva de lucro são determinados apenas pela vontade do cliente de pagar e por seus custos variáveis. Custos fixos não são levados em conta neste cálculo.

Lembre-se do corredor de consistência preço/valor ao negociar preços

Nem todas as empresas vão ao mercado com um preço base, como a America Online, ou com várias faixas de preço, como faz o Toronto Blue Jay. Os fornecedores industriais, por exemplo, negociam centenas ou até milhares de preços em transações individuais ao longo de um ano. As circunstâncias dessas transações – cliente, especificação do produto, exigências de serviço, aplicação, volume necessário e termos do acordo – dificultam muito a comparação de uma transação com a outra.

No entanto, as empresas que negociam preços com os clientes ainda podem aproveitar o corredor de preço/valor mostrado na Figura 7.1. Ele forma a peça final do quebra-cabeça que montamos nos seis capítulos anteriores. Explicamos a função que desempenha à medida que encerramos este capítulo, com conselhos sobre como obter preços maiores em uma negociação, ou, pelo menos, manter os pés na terra em termos de preços.

- *Force o cliente a negociar valor pelo preço.* O cliente sempre tem a posição dominante na negociação, se você gastar boa parte de seu tempo falando sobre níveis de preço. Mas fornecer a ele uma concessão direta é o mesmo que cortar preços. O contra-ataque necessário é oferecer um preço menor apenas se o valor total que você ofereceu for reduzido também. A Figura 7.3 ilustra esta idéia. A redução no valor poderia assumir muitas formas, indo do serviço menos técnico, um período de garantia menor, entregas mais lentas ou uma especificação de produto de baixa qualidade.

- *Use o valor de cada aspecto do produto para sua vantagem.* Dizemos às empresas em mercados maduros que, embora possam vender *commodities*, elas dificilmente competem em um negócio de *commodity*. Em outras palavras, os produtos que você faz talvez sejam funcionalmente intercambiáveis com a maioria dos produtos que a concorrência oferece. Mas você não está vendendo trigo nem ouro. Quem você é, como você vende e como fornecer suporte ao seu produto são coisas que geralmente fazem toda a diferença entre fechar um negócio ou perdê-lo. Esses fatores – sejam tangíveis, ou intangíveis – geralmente batem o

Fonte: Simon-Kucher & Partners

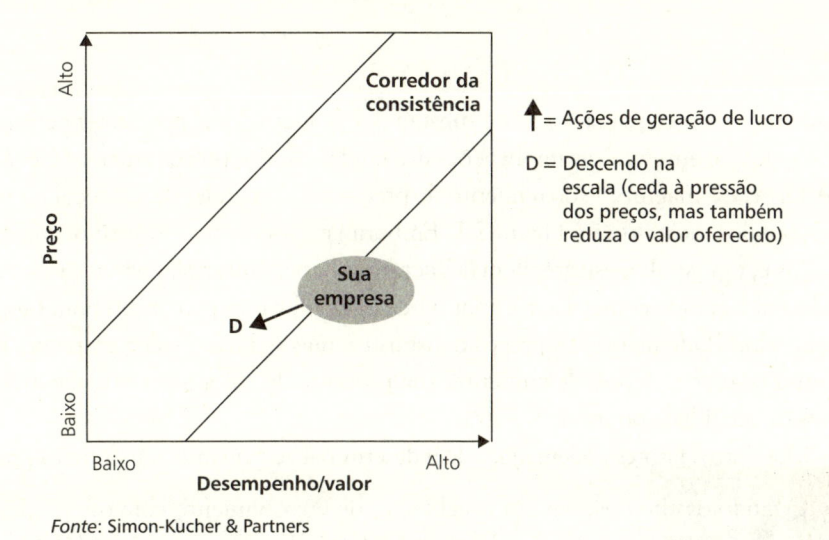

FIGURA 7.3 Descer na escala lhe permite preservar os lucros. Aceite a solicitação do cliente para baixar preços, mas ofereça a ele um valor geral inferior.

preço em importância. (Naturalmente, nenhum comprador inteligente admitiria isso na sua presença!) A quantidade de tempo e recurso que seu cliente compromete de bom grado com o processo de negociação é, em geral, um sinal do quão valiosos são esses aspectos extras. Embora essa informação nem sempre lhe permita cobrar preços mais altos, ela certamente lhe dá a confiança de manter as rédeas e não fazer concessões desnecessárias.

- *Lembre-se de que, às vezes, as concessões são necessárias.* Uma negociação de preço nunca tem a ver apenas com produto e preço. No final do dia, é uma discussão entre as pessoas, cada um com suas próprias motivações e incentivos. Seu oponente na negociação pode precisar de uma vitória porque é recompensado pelas concessões obtidas com os fornecedores. Esteja preparado para ter alguns itens que você possa conceder para acomodar seu oponente. Mas esteja preparado para cair fora se o cliente claramente se recusar a aceitar um preço apropriado pelo valor que você entrega.

Os aumentos de preço são complexos de planejar e executar. Como mencionamos em nosso exemplo no final do Capítulo 1, nenhuma outra ação que você realizar integrará as várias lições, ferramentas e técnicas deste livro da forma que um aumento de preço o faz. Ele lhe oferece a maior oportunidade para obter maiores lucros. Você não pode tomar a decisão de forma rápida.

Resumo

Os aumentos de preço são uma fonte substancial de lucro. Você precisa ter certeza, no entanto, de que entendeu as implicações das mudanças nos preços antes de elevá-los.

A forma e a magnitude do aumento de preços vão depender de seu local no mapa de preço/valor mostrado na Figura 7.1. Embora isso soe contra-intuitivo, aumentar os preços é, em geral, a estratégia mais lucrativa para manter ou aumentar os lucros quando seu mercado começa a declinar. Você pode elevar os preços diretamente, sem agregar valor. Pode manter os preços constantes, mas reduzir o valor entregue. Pode aumentar os preços depois de aumentar sua proposta de valor através de aperfeiçoamentos de qualidade ou serviços extras.

Vários outros fatores podem ajudá-lo a determinar se e quanto aumentar os preços.

- Quando os clientes têm um nível baixo de envolvimento com seu produto, o preço é geralmente o indicador principal de valor. Tire vantagem desse fato.

- Nunca parta do princípio de que pode repassar inteiramente os custos maiores das matérias-primas aos seus clientes. Seu preço ideal para o lucro realmente muda, mas a magnitude depende da elasticidade de preço, não apenas da mudança nos custos variáveis.

- Custos fixos não desempenham nenhum papel na hora de encontrar o ponto de preço ótimo para um produto – ou seja, o preço que o coloca no pico na Figura 3.1.

Muitas empresas, especialmente as de *business-to-business*, negociam os preços individualmente, em vez de estabelecê-los publicamente. As negociações de preço devem ser sempre um toma-lá-dá-cá entre valor e preço, não simplesmente uma questão de "quanto". Se você negociar preços, lembre-se de que seu oponente geralmente precisa de uma vitória. Esteja preparado para fazer concessões onde é menos sentido – ou seja, em algo além do preço.

Por fim, a relação preço/valor também tem um lado destrutivo. O próximo capítulo explica como você pode reconhecê-lo e evitá-lo.

CAPÍTULO 8

Não Agrade Demais aos Clientes

*Uma análise que o impeça de adotar um certo curso de ação pode,
às vezes, ser mais valiosa do que uma idéia revolucionária.*
—John D. C. Little, professor da MIT
Sloan School of Management[1]

PETER DRUCKER disse uma vez que "o *marketing* precisa ver o negócio inteiro através dos olhos do cliente".[2] Sob certo sentido, os autores estão em total acordo com ele. Em cada capítulo até agora, mostramos como focar em seus clientes para entender suas preferências, comportamentos e a disposição para pagar.

Mas alguns profissionais de *marketing* e de vendas pegaram a afirmação de Drucker muito literalmente. Eles aceitam a máxima de agradar o cliente para determinar cada movimento que fazem, incluindo os preços que cobram. Um funcionário do setor de *marketing* nos contou certa vez que não conseguia entender por que sua divisão perdia dinheiro: "Temos os mais altos níveis de satisfação do cliente no nosso setor. Oferecemos uma ótima qualidade e um ótimo serviço a preços baixos."

Como certamente você já sabe nesse ponto do livro, o valor entregue e o valor extraído estão intimamente relacionados. Se você fizer uma entrega exagerada do princípio básico de sua estratégia de *marketing*, mas não tiver uma participação justa no retorno, você se colocou em um caminho lento para a ruína financeira. Lembre-se de que seu potencial inexplorado dos lucros, a diferença entre o bom desempenho e o desempenho de pico, encontra-se no bolso de seus clientes. Representa o dinheiro que eles gostariam de lhe dar se você encontrasse a forma certa de obtê-lo. Como você pode continuar defendendo qualquer abordagem de *marketing* que permite que seus clientes mantenham de 1 a 3% de sua receita anual, que é a quantia de lucro incremental que citamos no Capítulo 1?

Aprenda quando sacrificar a satisfação do cliente em favor do lucro

Este capítulo serve como advertência contra o que chamamos no Capítulo 7 de lado destrutivo do *marketing*. Ele demonstra a loucura de realizar as ações agressivas mostradas na Figura 8.1, que é a imagem espelhada da Figura 7.1. Ela fornece mais detalhes sobre as ações destruidoras de lucro às quais as empresas agressivas e reativas se submetem. Elas se enquadram em três categorias:

- *Brindes para o cliente*. Em geral, são um pouco mais do que literalmente dar aos clientes algo por nada. Os programas bem-intencionados de fidelidade geralmente se perdem neste caminho. O problema inevitável surge quando os clientes começam a ver esses brindes como direitos e desenvolvem um apetite por mais. A destruição do lucro começa quando as empresas começam a tentar superar umas às outras com seus brindes. Esta é a seta "E" na Figura 8.1.

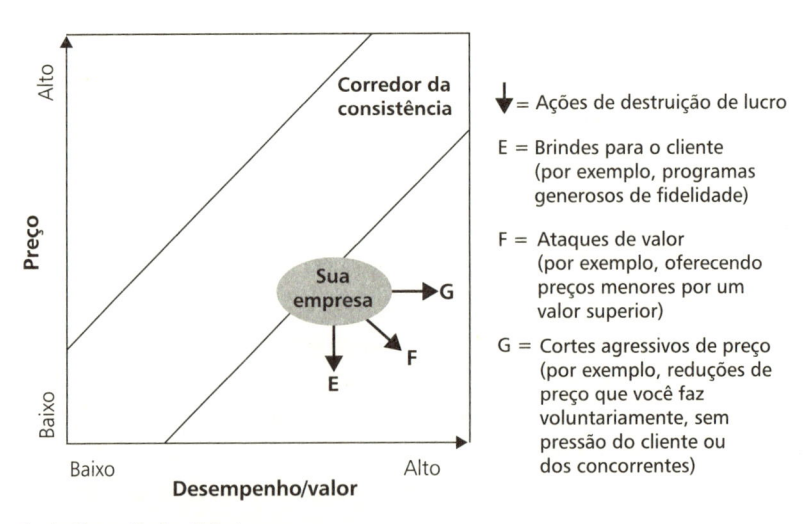

Fonte: Simon-Kucher & Partners

FIGURA 8.1 O lado sombrio do *marketing*: estas ações colocam seu lucro em um risco considerável.

- *Ataques de valor*. As empresas precisam ter um domínio completo do que seus produtos e serviços valem. Sem ele, correm o risco de perder dinheiro nas melhorias que fazem em seus produtos. Por que o valor significativo extra para o cliente resulta em preços mais baixos? Esta é a seta "F" na Figura 8.1.
- *Cortes agressivos de preço*. A ação mais confusa de todas é o corte-surpresa dos preços. As empresas que se encontram em mercados maduros não podem vencer as guerras de preços a menos que tenham uma vantagem insuperável em termos de custos ou qualidade do produto. Mesmo que "vençam" uma guerra de preços, não ficam claras as evidências de que essas empresas podem recobrar o lucro que sacrificaram para aumentar o volume e, com isso, a participação de mercado. Esta é a seta marcada com "G" na Figura 8.1.

As próximas três seções usam exemplos concretos para mostrar como essas ações ameaçam não apenas o próprio lucro das empresas, mas também o seu.

Lance programas de fidelidade apenas se os concorrentes não puderem copiá-los

A imitação é a forma mais sincera de admiração, segundo o aparentemente inócuo clichê. Implica que a honra de ser imitado poderia até ser uma meta que valesse a pena. Isso pode se mostrar verdade na vida privada, mas soa desonesto no mundo dos negócios, onde a imitação é a forma mais sincera de ameaça competitiva.

Sim, uma ameaça competitiva pode, de fato, ser envaidecedora. No entanto, é lógico esperar que, diante de uma escolha, a maioria dos gerentes e executivos preferira lucratividade à envaidecimento, sempre. Pergunte aos acionistas da Kmart, que viram o que aconteceu desde que Sam Walton copiou o modelo comercial deles, da base até o nome da loja, 40 anos atrás.

A mesma lógica explica a maldição dos programas de fidelidade, que proliferaram pelas indústrias e no mundo todo nos últimos 30 anos. O termo *fidelidade do cliente* tem uma conotação positiva que automaticamente se presume que seja desejável, até necessário, fomentá-la. Mas será que é mesmo verdade? E, se for, um programa formal de fidelidade é a escolha mais sábia? Os administradores não devem presumir que um programa de fidelidade do cliente tornaria as empresas mais lucrativas. Em vez disso, eles devem entender a maldição dos programas de fidelidade: a facilidade com que os competidores conseguem imitá-los.

Embora possa envolver algum trabalho, os competidores podem, em geral, imitar um programa de fidelidade rapidamente, tanto quanto podem igualar os descontos maiores ou preços menores. O que parecia, em um primeiro momento, um ótimo ponto de diferenciação, fica neutralizado, já que os competidores lançam programas semelhantes ou melhores. É aí que começa o ciclo vicioso, já que as empresas correm para responder ao programa de fidelidade de um concorrente, apenas para ver esse mesmo concorrente inflacionar seu programa com mais benefícios.

A maioria dos programas de fidelidade são pouco mais do que cortes de preço para os clientes em mercados e serviços, em vez de dinheiro. Eles intensificam as pressões no mercado criando outro círculo vicioso, já que os concorrentes tentam superar uns aos outros. Você deve oferecê-los apenas quando conseguir bancar sua diferenciação, porque oferece aos clientes uma vantagem exclusiva. Os concorrentes não conseguem neutralizar nem minar a vantagem dos programas de fidelidade quando o produto ou o serviço em si forma o núcleo do programa de "fidelidade", ou quando o programa oferece uma vantagem verdadeiramente exclusiva. A situação anterior reflete a conexão que as pessoas têm com os computadores Apple, as motos da Harley-Davidson e os carros da Porsche. Os grandes usuários não precisam de impulso extra para demonstrar sua fidelidade.[3] O caso do cartão do cliente da empresa alemã de estradas de ferro ilustra a última situação.

ESTUDO DE CASO

Problema: como "desfazer" uma decisão malsucedida de *marketing*

Empresa: DB ou Deutsche Bahn (empresa alemã de estradas de ferro)
Produto: cartão de fidelidade
Fonte: projeto da Simon-Kucher & Partners

Feito de forma inteligente, um programa de fidelidade pode alterar a estrutura de como as pessoas pagam, oferecendo um benefício extra "mais suave". Identificar exatamente o que é esse benefício suave, não obstante, pode desafiar até mesmo os gerentes de um programa bem-sucedido. A empresa alemã de transporte ferroviário fez vista grossa a um desses fatores suaves em seu programa de cartão de descontos e descobriu isso depois de uma mudança infeliz no programa.

O cartão original custava US$ 140 por ano e dava direito a um desconto de 50% em todos os bilhetes comprados. Mais de 3 milhões de pessoas haviam comprado ou renovado o cartão de desconto todos os anos, desde sua criação, em 1994. Isso levou a empresa e muitos observadores a considerá-lo um sucesso. Então, a Deutsche Bahn sofreu uma crítica ao cartão. Um livro sobre políticas de preços declarou que "o cartão funcionava apenas como instrumento de desconto, sem vínculo emocional. Sua função como forma de retenção de clientes é limitada".[4] Em 2002, a Deutsche Bahn lançou um novo sistema de preços que substituía o cartão de descontos antigos por um novo, com uma taxa anual reduzida de 60 dólares e apenas 25% de desconto. Além disso, lançou bilhetes individuais com descontos de até 40% e condições ao estilo das linhas aéreas (reservas antecipadas, pernoites nos sábados e disponibilidade restrita).

O que ocorreu depois teve uma importância tão grande na história comercial alemã quanto o lançamento da nova Coca-Cola nos Estados Unidos em 1985. Nos primeiros meses de 2003, o sistema de preços encontrou seu Waterloo. Os protestos demonstraram a fúria dos clientes, embalados por histórias de primeira página nos tablóides e na mídia especializada. Os passageiros também provaram que, embora a empresa pudesse ter o monopólio do transporte ferroviário, certamente não o tinha no transporte intermunicipal. A população simplesmente abandonou os trens. As vendas entraram em colapso.

A empresa precisava reagir. A opção padrão – defendida por muitos grupos – seria restaurar o cartão tradicional com o desconto de 50%. Foi o que fez a Coca-Cola, ao relançar sua fórmula tradicional sob o nome Classic, pouco depois que a reação à nova Coca-Cola ficou clara.

Mas, primeiro, a empresa queria entender o que havia dado errado. Talvez você ache que este foi um caso clássico de uma empresa que dá um passo maior do que a perna ao coibir os incentivos aos clientes. No entanto, as suposições antigas sobre como as pessoas perceberam o desconto de 50% se mostraram incorretas. Uma parte significativa dos detentores dos cartões antigos não obteve de volta o investimento inicial ao longo do ano, porque não viajava com freqüência suficiente ou longe o suficiente. Devido ao investimento inicial, o desconto médio em todos os clientes com cartão foi de menos de 30%. A economia absoluta, então, não poderia explicar o amplo apelo do cartão antigo.

O cartão era muito mais do que um jeito de oferecer desconto. As pessoas que viajavam a negócio ou a turismo também gostavam da conveniência do cartão, na medida em que garantia ao detentor o melhor preço possível não importa o que acontecesse. Elas nunca tinham que rever a incontável e complicada gama de ofertas especiais das estradas de ferro. O novo nível de desconto, de 25%, acabou com esse benefício, forçando um retorno à situação antiga, quando os compradores tinham que entender o complicado sistema de preços para encontrar a melhor oferta. Após anos de estabilidade e certeza, os viajantes de repente se perguntavam se ainda tinham feito uma boa escolha.

Eles também gostavam da flexibilidade do cartão original. Em contraste aos termos e condições vinculados às passagens mais baratas, o cartão antigo não tinha restrições nem limitações. Você tinha flexibilidade máxima. Podia andar em qualquer trem, a qualquer hora, para qualquer destino, e ainda receber o desconto de 50%. Podia comprar o bilhete com semanas de antecedência, na última hora, ou até mesmo no próprio trem, depois de embarcar, e ter a certeza de que pagaria o menor preço disponível.

No fim, a empresa alemã de transporte ferroviário relançou o cartão antigo, mas com um preço maior de US$ 200 por ano para a segunda classe e US$ 400 para a primeira classe. O público e a imprensa deram boas-vindas generalizadas à decisão, apesar da anuidade mais alta, e o cartão rapidamente teve um retorno espetacular. Depois do primeiro ano no mercado, ficou claro que o novo conceito de lealdade foi um grande sucesso, a despeito de um preço 50% mais alto do que o do cartão original.

Não crie direitos para o cliente

Os clientes adoram programas de fidelidade e cartões gratuitos. E por que não adorariam? À medida que aumenta a concorrência, os privilégios com esses programas tornam-se direitos, no sentido mais verdadeiro da palavra. É extremamente difícil abandoná-los. Como os governos que tentam reduzir os benefícios da aposentadoria e da saúde, as empresas enfrentam uma resistência considerável se tentam reduzir ou eliminar os direitos.

Está certo, nem todas as iniciativas de fidelidade criam direitos caros. As melhores iniciativas permitem que a empresa tenha lucros mais altos sem um investimento monetário significativo e sem hipotecar o futuro transportando enormes responsabilidades para os clientes. Em 2003, a Continental Airlines começou a oferecer o programa Elite Access aos passageiros que pagavam a tarifa normal. O programa coloca os clientes em espera para conseguir passagens na primeira classe, dando-lhes prioridade a bordo e tratamento prioritário na revista de segurança. Não se engane: a Continental tinha que oferecer este novo programa, além do programa de fidelidade, baseado nas milhas. Não havia como (pelo menos no início) a Continental acabar com algo que tinha se transformado no padrão de um setor de direitos do cliente.

Para as pessoas que viajam a negócio, que não pressionam as tarifas da Continental com descontos corporativos ou bilhetes especiais, este é um incentivo raro e altamente apreciado. O truque em relação a esta vantagem em especial é seu caráter *pay-to-play*: os clientes precisam pagar a passagem completa para ganhar um incentivo que quase não tem custo variável para a Continental. Depois que o avião decola, acaba o compromisso inicial. A Continental não tem mais obrigações. As milhas dos programas de milhagem, no entanto, se acumulam. É assim que se tornam obrigações.

A revista *The Economist* estimou que a segunda maior moeda em circulação no mundo, atrás do dólar americano, são as milhas dos programas das companhias aéreas.[5] A *CNN Money* calculou o volume total em circulação na casa dos 9 trilhões de milhas.[6] Todas essas milhas passam por uma desvalorização profunda na forma de limites de utilização, "preços" maiores para produtos especiais, mudanças nos privilégios de status ou expirações absolutas. Depois de distribuir trilhões de milhas para atrair clientes, as empresas aéreas agora precisam honrar seus compromissos.

No entanto, como cada companhia aérea tem um programa de fidelidade – das grandes transportadoras aéreas de grandes rotas a pequenas decolagens de um ponto a outro –, os clientes sentem-se com o direito de receber suas milhas e brindes. O programa de milhagem das companhias aéreas ou passagens gratuitas se tornou um custo do negócio, e não um incentivo para o cliente ou "bônus". Reduzir essas obrigações não é fácil, como percebeu a US Airways quando tentou acabar com os direitos de fidelidade do cliente em um esforço para se focar nos "viajantes especiais". Para tanto, ela retiraria os benefícios dos passageiros que comprassem passagens não-restituíveis. As milhas obtidas na maioria dos vôos não contariam mais para obter o status *preferred*, *gold* ou *silver* no programa de bônus da US Airways. Os passageiros não poderiam usar os programas de desconto corporativos para muitas tarifas não-restituíveis, nem poderiam contar com vôos alternativos.[7]

"Uma pessoa que viaja muito não é necessariamente fiel, se o que ela faz é comprar a passagem mais em conta todas as vezes que voar", explica Ben Baldanza, vice-presidente da US Airways. "Este não é necessariamente o tipo de fidelidade que queremos recompensar. Queremos recompensar as pessoas que pagam um preço premium pelos serviços que oferecemos."[8]

Essa mudança teve conseqüências inesperadas e quase paradoxais: o "melhor" programa de fidelidade, na verdade, fez com que muitas das pessoas comuns que viajam a negócio pela companhia área protestassem. Esses passageiros sentiram que haviam cumprido com suas obrigações agindo como pessoas jurídicas financeiramente responsáveis e viajando regularmente com tarifas não-restituíveis da US Airways. Eles consideraram que o serviço era confiável e tinha um preço razoável. Mas, com as mudanças do senhor Baldanza, tinham perdido a recompensa. Esses clientes se reuniram *online*, formaram o Cockroach Club e usaram um *button* com uma barata* e o logotipo da US Airways para expressar seu descontentamento com o tratamento dado pela companhia.

---

* N. de R.: Em inglês, cockroach.

A empresa acabou voltando atrás. Na Roachfest 2004, o encontro anual dos Cockroaches, o vice-presidente da US Airways para assuntos corporativos Christopher L. Chiames, discutiu os problemas pelos quais passava a companhia. "Às vezes, a resposta é não", disse Chiames na reunião. "Não podemos dar aos clientes tudo o que eles querem, mas temos que analisar o que eles querem e construir uma companhia aérea melhor, que seja importante para o cliente."[9]

Duas perguntas simples ajudam a desafiar a sabedoria convencional de que as empresas precisam oferecer um programa de fidelidade ao cliente e de que esses programas valem a pena:

- Os clientes fiéis são *menos lucrativos* para você do que os infiéis?
- Os clientes fiéis valem o investimento necessário para atraí-los e mantê-los?

Evidências levantadas em pesquisas independentes e no trabalho realizado em nosso projeto nos Estados Unidos e na Europa indicam que a resposta à primeira pergunta pode ser de fato sim, e a resposta à segunda pergunta é, em geral, não.

O vínculo entre a fidelidade e o lucro soa tão bem e tão lógico que poucos administradores se incomodam em fazer as contas e descobrir se os clientes fiéis são lucrativos. Eles nem chegam a questionar essa suposição essencial e se baseiam no senso comum. Os editores da *Harvard Business Review* levantaram essa questão em um artigo publicado em julho de 2002, chamado "Questionando o Inquestionável". Werner Reinartz, da INSEAD, e V. Kumar, da Universidade de Connecticut examinaram os dados de um provedor de serviços de tecnologia dos EUA, uma empresa de mala-direta igualmente norte-americana, um varejista do setor de alimentos da França e uma empresa de serviços financeiros da Alemanha.

Eles não encontraram nenhum vínculo entre a fidelidade e a lucratividade do cliente.

"Especificamente, descobrimos poucas evidências, ou mesmo nenhuma, de que os clientes que compram com regularidade de uma empresa são necessariamente mais baratos de atender, menos sensíveis aos preços ou particularmente eficientes para gerar novos negócios", escreveram.[10] Isso não indica que a fidelidade significa nada. Em vez disso, a fidelidade desafia os gerentes a resistir a declarações vazias como "a fidelidade é boa" e descobrir por si mesmos se isso se aplica ao caso deles.

O caso a seguir mostra como uma empresa jogou no lixo os planos de aplicar descontos de fidelidade. Evidências quantitativas que a empresa encontrou mostraram que lançar um desconto por fidelidade era algo desnecessário.

ESTUDO DE CASO

Problema: criar um desconto de fidelidade para recompensar os grandes clientes

Empresa: Appleton, Inc.
Produto: softwares
Fonte: projeto da Simon-Kucher & Partners

A Appleton fornece aos clientes softwares que lhes permitem reconfigurar o local de trabalho. Essa empresa tinha uma linha de produtos bem-sucedida, mas em amadurecimento, e desejava saber se poderia gerar mais receita com os clientes atuais.

Os compradores fiéis deste setor insistiram em algum tipo de desconto em relação ao catálogo de preços, assim a empresa não poderia trocar rapidamente para outro padrão de preços eliminando todos os descontos da noite para o dia. Mas a empresa se perguntava se poderia alterar o valor do desconto. Quanto de desconto os clientes fiéis mereciam? Qual seria um desconto apropriado por fidelidade?[11]

A empresa tinha pensado em oferecer aos clientes uma melhor negociação na próxima compra, para ajudar a consolidar a sua relação. Mas não tinha certeza de quanto deveria ser o desconto. Se o desconto por "fidelidade" fosse muito grande, a empresa não teria mais lucros, pois o maior volume das vendas talvez não produzisse receita suficiente. Se a empresa não oferecesse desconto por fidelidade e até reduzisse os descontos atuais, poderia sofrer um revés e não conseguir da mesma forma capturar lucros adicionais.

A equipe de *marketing* da Appleton acreditava que os clientes esperavam uma melhor negociação se tivessem uma base instalada ou um longo histórico das compras recorrentes. Como a empresa dependia da continuidade de negócios, ela colocaria seus planos de crescimento em risco considerável se negasse essa vantagem aos clientes que compravam com regularidade. Ao mesmo tempo, a equipe de *marketing* não sabia se acreditava nos relatos informais sobre os clientes. Segundo esses relatos, quanto mais softwares Appleton tivessem instalado, maior seria o valor para eles.

Para testar suas hipóteses de fidelidade, a empresa precisava saber se os clientes que tinham uma base instalada de softwares Appleton apresentavam uma propensão a pagar diferente dos clientes mais novos da empresa. Neste caso, a Appleton igualava os grandes clientes com os fiéis, pois praticamente todas as principais contas tinham desenvolvido a base instalada da empresa com compras regulares em um certo período de tempo. Usando as técnicas de medição de valor descritas no Capítulo 5, a empresa pesquisou os clientes em três países. Os resultados não mostraram relação entre o histórico das compras anteriores e o preço unitário que os clientes pagariam. Na única região em que existia uma suave relação, a tendência era, na verdade, positiva. A disposição de pagar dos clientes pelos produtos da Appleton, na verdade, *aumentou* em cada compra realizada depois, confirmando a relatos informais do mercado.

Quanto maior o total que os clientes tinham comprado, maior a lacuna entre os preços que pagavam e os preços que estavam dispostos a pagar. A Appleton estimou um lucro incremental a explorar de vários milhões de dólares por ano, e não apenas no primeiro, mas em um período de cinco anos. Ela abandonou os planos de aplicar desconto por fidelidade e gradualmente reduziu os descontos oferecidos em sua linha principal de produtos para manter as mudanças longe da identificação pelos clientes. A empresa terminou o ano fiscal com um aumento salutar nas receitas de 12%. Ao mesmo tempo, aumentou a margem operacional em 4,5 pontos percentuais, para em torno de 25%. Isso significava que o lucro operacional subiu 35% em termos absolutos.

Resista ao ímpeto de cortar preços de forma proativa

Argumentando contra os cortes de preços como forma de reação competitiva quando você percebe uma ameaça competitiva, esperamos convencê-lo a planejar suas respostas com mais cuidado e consciência pensando primeiro através das conseqüências. Em algumas situações, seu competidor pode forçá-lo a tomar essa decisão, porque cortou os preços ele mesmo ou entrou no seu mercado com um preço referência muito inferior. Descrevemos como responder a isso no caso Mosella no Capítulo 2.

Mas, em outras situações, as empresas decidem cortar os preços voluntariamente, sem nenhuma pressão dos concorrentes e – como mostramos nesta seção – praticamente nenhuma pressão dos clientes também. Elas decidem cortar os preços por pura dedicação à idéia de que preços menores vão reacender a dedicação vacilante dos clientes e, por fim, tornar a empresa melhor. Para defender os cortes, eles citam as mudanças no cenário competitivo, as convicções da alta administração, a vontade de compartilhar economias de custo e melhorias de produtividade com os clientes, e a passagem do livro *Economics 101*, que afirmou que preços menores resultam em volumes maiores. Como os cortes de preço parecem oferecer a maneira mais fácil de dispensar um tratamento especial aos clientes, as empresas acham difícil resistir à tentação.

Mas elas deveriam resistir. Os cortes proativos de preço não o tornam diferente, nem fazem com que você seja melhor. Eles o deixam mais pobre, a menos que você tenha as evidências, os dados e a matemática para provar o contrário.

Isso se mostra verdade, independentemente de como você corta os preços. Você pode cortá-los através da redução imediata dos preços oferecendo cupons ou incentivos de reembolso, e fornecendo serviços para os clientes a fim de fechar um negócio ou manter fidelidade a uma relação com os clientes. As pessoas que tomam essas decisões se defendem com lugares-comuns como "O cliente sempre tem razão" ou "Sempre tomamos as precauções certas". Ou ficam batendo nas capas de revistas que enaltecem as conquistas da Wal-Mart, Southwest Airlines e Dell Computer. O argumento parece justo: se você lê que Sam Walton e Michael Dell ficaram milionários vendendo produtos a preços baixos, por que você não pode fazer o mesmo com seu negócio?

A razão pela qual você não reproduz nem rapidamente nem facilmente o sucesso da Wal-Mart, da Southwest Airlines e da Dell Computer é que elas obtiveram uma vantagem de custo tão grande que nenhuma empresa poderia competir facilmente com elas. Elas também integraram essa vantagem ao seu modelo de negócios desde o primeiro dia. Só pode haver um líder de custos no setor. Para ter a capacidade da Southwest ou da Wal-Mart de oferecer preços baixos, você precisaria uma vantagem significativa e sustentável de custo. Duvidamos que você tenha essa vantagem agora, nem que vá obtê-la a curto prazo, se é que vai conseguir. Se você operar em um mercado maduro no qual os concorrentes oferecem produtos semelhantes com base em tecnologias e dados semelhantes, talvez seja impossível qualquer empresa obter mais do que uma sutil vantagem de custo.

E, mesmo que tivesse essa capacidade, por que a usaria? Cortar preços quase sempre equivale a uma transferência enorme de riqueza dos *stockholders* para os clientes. Você dirige uma empresa, não uma instituição de caridade. Mas você mostra seu lado caridoso quando sua decisão de cortar preços reflete os motivos políticos ou filosóficos escondidos, e não os objetivos. O caso a seguir mostra como algumas contas simples poderiam ter impedido que uma empresa fizesse um corte de preços amplamente divulgado que acabou saindo pela culatra.

ESTUDO DE CASO

Problema: cortar preços ou não

Empresa: Universal Music Group
Produtos: CDs
Fonte: análise de informações disponíveis ao público

O Universal Music Group (UMG), que controlava aproximadamente um terço do mercado fonográfico norte-americano, anunciou, em setembro de 2003, que tinha cortado os preços de varejo e os preços de atacado sugeridos dos CDs de 25 a 30%.[12] A empresa citava uma pesquisa feita junto ao cliente que mostrava uma forte preferência por um nível de preço bem abaixo dos níveis atuais. Também concluía que a ameaça da pirataria *online* não apenas tinha persistido, como também alterado fundamentalmente a forma como certos segmentos de cliente compram músicas.

Nenhum dos concorrentes da empresa respondeu com cortes semelhantes de preços (uma reação muito visionária!), por isso o UMG teve toda a liberdade de observar a força que um corte de preço afetaria a demanda dos clientes. O UMG cortou os preços no atacado da maioria dos CDs de seus artistas, de US$ 12,02 para US$ 9,09, para trazer as pessoas de volta para as lojas. O objetivo dessa iniciativa, chamada JumpStart pela empresa, parece ter sido fornecer aos clientes um claro incentivo para retornar para o jeito tradicional de comprar música.

Alguns analistas disseram que a decisão do UMG parece menos uma tentativa inteligente de contra-atacar e mais um esforço desesperado de não perder ainda mais terreno".[13] Depois do corte de preços, o UMG teve que enviar 33% mais unidades de CDs apenas para manter o mesmo nível de receita. Obter o mesmo nível de receita apresentou um desafio ainda maior. Dependendo de quais pressuposições você faz sobre os custos variáveis, o UMG teria precisado vender entre 45 e 55% mais CDs para manter o equilíbrio. Onde estava toda a demanda dos clientes antes dos cortes nos preços? Será que um preço menor pode realmente aumentar desse jeito o sucesso de muitos artistas? Você pode argumentar que o UMG teria lucros menores de qualquer maneira, se tivesse feito nada. Mas, mesmo quando você leva em consideração o cenário "fazer nada" com um declínio no volume, o UMG teria ficado muito melhor sem os cortes nos preços.

O UMG também se sentiu vítima da lei de conseqüências inesperadas. Com a experiência que desenvolvemos, os gerentes geralmente se esquecem de perguntar se as mudanças nos preços vão contaminar os negócios futuros com distribuidores e clientes. Nem se perguntam como alguém poderia usar o corte nos preços como arma contra eles. O *New York Times* relatou que o corte nos preços sugeridos de varejo, aliado com um corte menos acentuado nos preços do atacado, poderia fazer com que os varejistas trocassem o espaço nas prateleiras dos CDs por outros produtos.[14] À época dos cortes, a Wal-Mart já tinha planejado reduzir o espaço que dedicava à música em 15% por causa de vendas em ritmo lento e dos baixos lucros, conta a história. O UMG também redirecionou os valores destinado ao *marketing* das promoções dentro da loja para a propaganda direta aos clientes. Essa mudança poderia acelerar a morte de cadeias especializadas e menores. Esse desenvolvimento é bem irônico se você pensar que Doug Morris, CEO e presidente do Universal Music, afirmou, ao anunciar os cortes nos preços, que "estamos fazendo uma mudança arriscada para trazer as pessoas de volta para as lojas".[15]

Por fim, precisamente quem Morris estava tentando atrair para as lojas de música? Você pode pensar que é o antigo público do Napster-Kazaa, que chegou à puberdade baixando música gratuitamente e poderia estar na faixa etária dos 15 aos 24 anos.

Segundo a Recording Industry Association of America (RIAA), esse grupo demográfico era responsável por apenas 25% de todas as compras no setor musical, de um percentual que chegou a 32% no início da década de 1990. A faixa etária de 35 anos e mais é responsável por praticamente metade de todas as compras (45,2%), percentual que era aproximadamente um terço (33,7%) uma década atrás.[16]

Se praticamente metade de todos os compradores de música dos Estados Unidos não viram um estudante do segundo grau em quase 20 anos, provavelmente não são as pessoas que abandonaram as lojas de varejo. Em vez disso, são as mesmas pessoas que pagam centenas de dólares pelos ingressos do Bruce Springsteen ou dos Rolling Stones, ou o pacote de ingressos do Rolling Stones e do Fleetwood Mac que usamos como exemplo no Capítulo 6. Elas têm uma propensão comprovada de pagar por música.

Alguns meses depois dos cortes nos preços, os executivos do UMG "admitiram que o programa de corte de preços ainda não tinha sido bem-sucedido".[17] Em vez de promover as vendas unitárias e trazer os clientes de volta para as lojas de música, o corte pareceu não ter nenhum efeito. A participação de mercado do Universal em novos lançamentos e no geral tinha, na verdade, caído suavemente.

Depois de esperar quase um ano para o plano original funcionar, o UMG "retirou parcialmente muitos dos cortes de preço".[18] A empresa esperava no início que o JumpStart aumentasse o volume em 21%. Ela conseguiu esse índice apenas para os CDs "encalhados", ou nos que já estavam no mercado por mais de oito semanas, mas menos de dois anos. Esse segmento cresceu 27% no volume. Os novos lançamentos, no entanto, cresceram apenas 5,8%, e as vendas dos CDs mais antigos, apenas 3%. Os dirigentes do UMG afirmaram que o plano não havia funcionado porque os varejistas não cooperaram como esperado, repassando os cortes para o consumidor.

Que outras alternativas Morris tinha? Ele tinha várias alternativas viáveis, como descrito nos Capítulos 6 e 7. Poderia ter aumentado os preços indiretamente. A Sony Music, uma das principais concorrentes do Universal, manteve o preço dos CDs estáveis, mas reduziu o número de faixas em alguns discos. Em uma base por música, isso significa um aumento de preço. Howard Stringer, à época presidente e CEO da Sony Corporation of America, disse que os clientes, na verdade, preferem menos músicas por CD, e acrescentou que colocar menos trilhas em um CD poderia fazer o artista antecipar o lançamento de um novo álbum.[19] Embora isso reflita um aumento de preço – os clientes recebem menos pelo dinheiro e gastam com mais freqüência –, não o prejudica, na medida em que o artista continua popular. Essa mudança reflete uma volta à forma que as empresas fonográficas lançavam os álbuns décadas atrás. Na década de 1960, as bandas de *rock-and-roll* lançavam álbuns menores com mais freqüência do que lançam atualmente.

O UMG poderia ter aumentado os preços diretamente. Tivesse Morris imitado a abordagem da AOL e aumentado os preços diretamente, argumentaríamos que ele não apenas teria gerado vendas fortes duradouras dos compradores mais antigos, como também teria deixado o negócio mais atraente para os varejistas.

Por fim, o UMG poderia ter usado uma segmentação baseada na preferência, em vez de adotar uma abordagem "espalha-chumbo" com a redução dos preços. Como sugerem os resultados, os cortes nos preços faziam sentido até certo ponto para os CDs "encalhados". Uma estratégia do estilo "Cortes nos preços para todos!" promove um dano permanente à integridade dos preços praticados, bem com à sua lucratividade. O CEO da Porsche, Wendelin Wiedeking, definiu a integridade do preço e resumiu sua importância na *Automotive News*. "Depois que você vendeu um carro com descontos enormes para o cliente, ele volta e quer fazer o mesmo negócio de novo. Você nunca vai conseguir deixar esse cliente feliz, pois ele vai dizer que seu preço está errado."[20] Mas às vezes até a Porsche usa cuidadosamente os incentivos para reduzir os estoques. O truque é o seguinte: a maioria das pessoas não o conhece. Por vários meses, a Porsche oferece de US$ 2 mil a US$ 3,5 mil de desconto em dinheiro nos modelos 911 e Boxster. Mas a empresa oferece esses incentivos apenas para os atuais proprietários de carros Porsche, e nunca os anunciou.[21]

Quando chega o momento de haver um corte de preços ou um incentivo de fidelidade em sua empresa, adote a abordagem "culpado até que se prove inocente". A obrigação de provar deve ficar com os defensores do corte de preços ou do incentivo de fidelidade. A prova deve ter números fortes de lucros para apoiá-la, e não apenas peso político ou convicção filosófica.

Resumo

Você não deve mimar demais o cliente. Em vez disso, certifique-se de extrair um valor justo para o que você fornece. Ações agressivas e reativas impedem seus próprios esforços de buscar lucros maiores. As ações mostradas na Figura 8.1 – brindes para o cliente, ataques de valor e cortes agressivos de preço – representam uma transferência enorme de riqueza de sua parte para seus clientes.

Os ataques de valor ocorrem quando você fornece aos clientes uma qualidade cada vez maior, mas não consegue cobrar adequadamente por ela. Os programas de fidelidade fazem sentido apenas quando os concorrentes não conseguem reproduzi-los com facilidade, o que significa que não podem fornecer os mesmos benefícios no mesmo nível. Mesmo assim, você precisa fazer as contas para ter certeza de que o investimento em programas de fidelidade gera um retorno suficiente.

Os cortes nos preços fazem sentido apenas quando geram lucros maiores. A maioria não gera. Quando o Toronto Blue Jays abaixou os preços no caso do Capítulo 7, foram feitas amplas análises para mostrar que com preços menores em certas áreas eles ganhariam mais dinheiro. É improvável que o Universal Music Group tenha feito análises semelhantes no caso deste capítulo.

Adote uma abordagem do estilo culpado-até-que-se-prove-inocente quando alguém lhe sugerir para oferecer um brinde, fazer um ataque de valor ou cortar preços. Os riscos aos seus lucros são muito grandes.

Manter sua equipe no caminho para ter lucros maiores exige mais do que retórica. Exige a sintonia dos objetivos em toda a organização, com incentivos para consolidar essa sintonia. O Capítulo 9 explora essa área.

CAPÍTULO 9

Alinhe Seus Incentivos para Focar no Lucro

*Você não entende o meu problema. Você está tentando me mostrar
como aumentar os lucros, como ganhar mais dinheiro.
Meu problema é que a administração não está pensando em termos
de ganhar dinheiro; eles estão colocando um milhão de unidades
de produtos na mesa e dizendo "Ei, vendam isso aqui!"*
—Gerente de vendas globais de uma multinacional[1]

PARA RECUPERAR os lucros maiores que merecem, as empresas precisam fazer a transição dos sistemas de incentivos de vendas baseados em volumes para sistemas baseados em lucros. Isso se aplica aos seus próprios representantes de vendas e aos seus parceiros de canal, que agem como seus agentes no cliente final.

Ajude os vendedores a convencer os clientes a pagar preços mais altos e não a lutar com os superiores para conceder preços mais baixos

A alta administração desempenha um papel crucial para fazer esses incentivos funcionarem. Parte da sua comunicação corporativa inclui mensagens consistentes sobre seu comprometimento com as metas de lucro. Se você decidir recompensar os vendedores de acordo com o lucro que geram para a empresa, e não com o volume que vendem, você não pode continuar a projetar a idéia de que a participação de mercado ainda é sua prioridade e definir as metas corporativas de acordo. Do contrário, você coloca os vendedores em um beco sem saída, no qual não dá para ganhar nunca. Eles recebem sinais confusos do que importa e vão transmitir esses sinais ao mercado através das ações que tomam.

Quando as empresas têm um número limitado de produtos, e todos contribuem de forma significativa para a receita e os lucros, os conflitos nas metas ganham dimensões maiores quando não fica claro quem tem autoridade no estabelecimento dos preços. Uma das maiores empresas de logística do mundo, que vamos chamar de Depardo, tentou testar seu poder de precificação, mas sem levar em consideração esses conflitos. Ela permitiu um aumento generalizado de preço de 2%. Você pode imaginar sua surpresa quando a administração percebeu, alguns meses depois, que os preços médios de transação haviam *caído*, na verdade, 1,5%.[2]

ESTUDO DE CASO

Problema: estimular os vendedores a oferecer descontos menores

Empresa: Depardo
Produto: entrega expressa
Fonte: projeto da Simon-Kucher & Partners

A força de vendas da Depardo respondeu ao aumento de preço testando seu próprio poder neste sentido. Adivinhe quem venceu. Os vendedores resistiram ao aumento de preços porque tornava a vida deles mais complicada em um mercado em que várias outras empresas multinacionais bem-conhecidas competiam agressivamente. Mas eles não disseram simplesmente "não" e destruíram as planilhas de preço em protesto. Eles levaram o caso aos clientes mostrando a nova lista de preços e incentivando-os a trocar para parâmetros mais favoráveis de descontos. Isso era possível porque os clientes negociavam antecipadamente descontos por volume planejado. A Depardo raramente verificava os volumes reais para ver se combinavam.

Vamos dizer que um cliente tivesse comprasse 80 mil unidades no ano anterior, o que lhe dava direito a um desconto de 3%. Na discussão sobre vendas para o ano seguinte, um vendedor da Depardo pode ter chegado em um comprador com o seguinte argumento: "Você planeja crescer no próximo ano, certo? Se você conseguir aumentar as coisas de forma que consiga comprar 100 mil unidades, podemos fechar com o desconto maior, que é de 6%." O comprador disse que 100 mil unidades estavam de acordo com a meta de crescimento da empresa e um aperto de mãos selava a negociação.

Se o cliente nunca atingisse a meta de 100 mil unidades, a Depardo geralmente não voltava atrás no desconto. Como resultado de situações como essa, os preços médios por unidade caíram em 1,5%, em vez de subir 2%, conforme planejado. Essa oscilação de 3,5% teve um efeito drástico sobre os lucros.

A estrutura do sistema de descontos da Depardo certamente tinha responsabilidade nisso. A Depardo pagava comissões de vendas de acordo com a receita e com seu crescimento. O prestígio do vendedor aumentava na proporção do número de negócios fechados ou da quantidade de novos negócios. Os vendedores não tinham incentivos para se comportar de outra forma, independentemente do sistema de desconto da Depardo. Esse sistema só facilitou as coisas para eles. Dizer que essas pessoas realmente não se importavam muito com os preços ou lucros não é cinismo. É realidade. Estava incorporado no sistema.

Quem sofre quando isso acontece? As pessoas altamente qualificadas e competentes que dirigem as unidades operacionais da Depardo nunca sentiram a dor, porque ninguém nunca deixou claro para elas que poderiam ter lucros consideravelmente maiores se resolvessem o problema. Devido à contaminação resultante dos preços, esses administradores tinham feito involuntariamente com que o potencial de lucros no mercado evaporasse. No mercado de logística, depois que a empresa abaixa os preços, raramente tem a oportunidade de erguê-los novamente. O dinheiro que os preços mais altos teriam gerado se foi. Como ocorre com as empresas aéreas, as repercussões podem durar ainda muitos anos.

Dado o grau de resistência na organização, a Depardo fez um progresso lento, mas constante, na incorporação de incentivos baseados em lucros para os vendedores. Devido à extrema complexidade e interdependência do negócio, a empresa ainda não havia se saído bem em instituir um sistema mais limpo baseado em lucros como o que vamos descrever na próxima seção. Mas o novo sistema de incentivos interrompeu o declínio de preços e deixou os vendedores e administradores mais sensíveis ao efeito que preços menores têm sobre os lucros corporativos e sobre o próprio pagamento.

Estabeleça incentivos monetários corretos: dinheiro ainda importa

Não importa a estrutura organizacional, se você não tem os incentivos adequados para fazer as coisas funcionarem. O problema geralmente está no fato de que os administradores se focam mais em como as pessoas são pagas do que em outras formas de recompensas, como homenagens, status e oportunidades de avanço na carreira. Se você é pago de acordo com o lucro, mas seu CEO está preocupado com a participação de mercado – independentemente da visão e da missão da empresa –, você vai ter que fazer um *trade-off* pessoal e profissional.

Como você troca um sistema de compensação para neutralizar esses conflitos? Você poderia iniciar um esforço colaborativo entre vendas e administração para resolver um conflito de meta escondido, como fez a Kinston no caso descrito no Capítulo 5.

Naquele capítulo, descrevemos como a Kinston usou uma mistura de julgamento especializado, análise de dados internos e pesquisa de cliente para desenvolver uma ferramenta de orientação para os vendedores. Essa ferramenta não mostrava as elasticidades de preço que o vendedor precisava como números, mas como ícones que mostravam se o segmento do cliente era sensível, neutro ou insensível aos preços para um determinado grupo de produtos.

Para garantir a conformidade, a Kinston integrou a nova ferramenta com incentivos para os vendedores. O antigo sistema de incentivos recompensava os vendedores de acordo com a quantidade de receita que geravam. Orientada para obter as comissões mais altas que pudessem, a equipe de vendas decidiu fechar negócios mesmo quando sabia que teria de fazer concessões substanciais no preço. O sistema não oferecia aos vendedores nenhuma razão clara – pelo menos, nenhuma razão monetária – para mudar seu comportamento e defender níveis mais altos de preço no novo sistema. A Kinston queria quebrar esse hábito com rapidez, clareza e para sempre.

A empresa estimulava a utilização dessa nova ferramenta criando um incentivo para a defesa do preço. A estrutura era bastante simples. Quanto maior o desconto concedido pelo vendedor, mais baixa a sua comissão. Usar os lucros brutos como base para a comissão teria um efeito semelhante. Muitas empresas, no entanto, sentem-se desconfortáveis em compartilhar os níveis de lucro bruto específicos por produto com centenas ou milhares de vendedores. Considerar o nível de desconto seria mais razoável. Os vendedores também poderiam ver o volume em dinheiro da comissão diretamente na tela do *laptop*, calculando, em tempo real, quanto perderiam se diminuíssem o preço. As informações codificadas sobre elasticidade de preço, ao mesmo tempo, dariam a confiança necessária para não ceder, se estivessem negociando com um cliente com sensibilidade relativamente baixa aos preços.

O efeito do novo sistema foi forte e rápido. O desconto médio que a equipe de vendas concedia caiu de 16% para 14% em questão de semanas, com praticamente nenhum abandono ou perda de clientes em termos de volume. Esses dois pontos percentuais extras resultaram em lucros incrementais estimados em aproximadamente US$ 100 milhões. Considerando que o projeto todo, incluindo a implementação de TI e o treinamento da força de vendas, custara cerca de US$ 1 milhão, a Kinston poderia medir o período de retorno do projeto em alguns dias.

A dimensão estratégica da estrutura de compensação também é importante. Inevitavelmente, seu novo mapa da concorrência (como descrito no Capítulo 2) vai dizer a alguns vendedores que eles precisam renunciar a certos clientes ou segmentos de clientes. Como não são responsáveis por essa mudança de prioridade, eles não devem pagar por ela. Não esqueça de compensá-los pelo negócio que precisam deixar.

Depois que uma empresa, que chamaremos de Randolph Partners, decidiu encerrar seu longo conflito interno entre as metas de volume e lucro, ela adotou uma abordagem semelhante à da Kinston, mas implementou um esquema de incentivos mais complicado.

ESTUDO DE CASO

Problema: incentivar os vendedores a oferecer menos descontos

Empresa: Randolph Partners
Produto: serviços industriais
Fonte: projeto da Simon-Kucher & Partners

O dinheiro foi importante na compensação dos vendedores na Randolph. A empresa construiu seu sistema de incentivo aos vendedores com base na receita e no crescimento da receita que uma pessoa ou equipe obteve em um determinado ano. Por outro lado, a compensação variável para os principais gerentes de conta e gerentes de conta global advinha das margens, e não da receita, obtida pela empresa.[3]

O conflito de metas parecia óbvio. Você pode se perguntar por que a Randolph mantinha um sistema destinado a criar um conflito comportamental entre vendedores e gerentes. Na verdade, a Randolph tinha uma razão muito lógica para este sistema: queria impedir que informações internas importantes caíssem na mesa dos concorrentes. A rotatividade entre os vendedores era alta, muitos deles seduzidos pelos competidores em expansão. Disponibilizar as informações de margem para vendedores comuns lançaria luz sobre a estrutura de custos da empresa. A Randolph queria reservar essas informações para a alta administração.

Mas basear os incentivos de vendas inteiramente sobre a receita também tem desvantagens. Oferecer descontos maiores para fechar negócios ou assegurar volumes maiores tornou-se uma prática padrão, com conseqüências progressivamente sombrias para a Randolph como um todo. As margens formaram um par inflexível com os preços, na medida em que uma parte significativa do negócio da empresa perdeu a lucratividade.

Será que o problema era muito sério? Os níveis de desconto ultrapassaram os níveis prescritos nas orientações de desconto em quase dois terços de todos os negócios. E a Randolph não poderia culpar os vendedores por isso. Eles agiram de acordo com seus próprios interesses na estrutura de incentivo que a Randolph oferecia. Mas essa tendência natural de agir de acordo com os incentivos explica apenas parte do que aconteceu. Com o passar do tempo, alguns clientes tinham começado a comprar menos, embora a Randolph não tivesse alterado as condições. A empresa focava inteiramente na receita sem olhar sistematicamente para a qualidade dessa mesma receita.

A Randolph estava diante de um dilema. Como poderia mudar o sistema de incentivos para os funcionários, sem revelar informações confidenciais? A empresa sentia que, se as informações saíssem da empresa, a solução poderia ser pior do que o próprio problema. Para resolver o dilema, a Randolph baseou o pagamento de incentivos em vários componentes. Um desses componentes focaria no próprio nível de desconto, e não no nível de lucro resultante. Vendedores e equipe de vendas estabeleceriam certas metas no começo do ano. Eles poderiam obter bônus – expressos em percentagem do salário fixado – com base no que venderam e nos preços que conseguiram.

Ao contrário do sistema anterior, os vendedores ou gerentes receberiam o prêmio apenas se alcançassem a meta combinada, medida em relação à taxa de desconto real baseada em todas as transações. Era tudo ou nada. Se os vendedores fossem muito generosos e não alcançassem a meta, não recebiam prêmio algum. Mas, se ultrapassassem a meta, concedendo descontos menores do que o esperado, os pagamentos cresciam proporcionalmente.

O sistema ainda ofereceria às equipes de vendas a oportunidade de conseguir bem mais do que seu salário fixo. Na verdade, a distribuição total nos sistemas antigos e novos seria aproximadamente igual em termos de dinheiro absoluto. O novo sistema, no entanto, tinha uma diferença importante: aumentava a resistência onde havia uma resistência mínima. Os vendedores que insistiam em preços menores para aumentar o volume literalmente tiravam dinheiro de seus próprios bolsos. Se alterassem o comportamento para se ajustar às metas gerais da empresa, seriam bem recompensados.

Esse sistema permitia que a administração da Randolph diferenciasse as metas por produto. Os produtos em mercados maduros receberam metas mais difíceis, enquanto os novos produtos tinham metas mais tranqüilas, à medida que a Randolph tentava consolidá-los.

As equipes de vendas da Randolph demonstraram vontade de mudar. Aceitaram o novo sistema. Para facilitar a transição, a administração da Randolph definiu metas relativamente conservadoras nos primeiros trimestres. Como o componente de desconto tinha um caráter do tipo ou tudo ou nada, todo o sistema teria entrado em colapso se metas muito desafiadoras ou irrealistas tivessem desestimulado a participação e impedido os vendedores de sentir esse primeiro gosto do sucesso.

A Randolph tinha resolvido o dilema alinhando os sistemas de incentivo com as metas corporativas de uma forma que os vendedores poderiam gostar. As características reais do novo sistema, no entanto, são apenas metade da história. O sistema não poderia ter dado certo sem dois outros fatores: velocidade e investimento. A Randolph desenvolveu e implementou a solução rapidamente, sem precisar financiar novos investimentos em tecnologia da informação. Novamente, o investimento mental triunfou sobre o monetário.

O projeto para refinar o sistema levou oito meses. A Randolph reuniu uma equipe do setor de preços, vendas, promoção de vendas e TI, que criou o novo conceito. Os representantes de TI desempenharam um papel essencial, porque o custo de comprar e implementar uma nova solução de software poderia ter atrasado ou até destruído o processo. Para fazer o sistema funcionar, todos os vendedores precisavam saber sempre a que distância estavam de atingir a meta pessoal para o trimestre. Eles precisavam de um meio para comparar a meta com uma média ponderada dos descontos sobre todas as transações, mas o sistema de então não permitia isso. Felizmente, a equipe de TI viu uma ligação com um projeto paralelo destinado a desenvolver uma ferramenta para monitorar o volume e a receita do cliente. Integrando um campo extra para o "desconto efetivo", a equipe de TI poderia complementar este outro projeto.

Recompense os parceiros de canal pelo desempenho, não apenas pelo volume

Um poderoso fabricante de ferramentas, que vamos chamar de Acorn Holdings, oferecia a seus distribuidores um desconto padrão de 37% sobre a lista de preços.[4] Os distribuidores poderiam então cobrar o preço que quisessem dos clientes finais e lucrar de acordo com isso. Se tivessem um bom volume de vendas, também poderiam contar com um desconto anual.

Às vezes, no entanto, os distribuidores sentiam que o desconto de 37% não lhes deixava fôlego suficiente para fechar um negócio. Para lidar com essas "exceções" de uma maneira uniforme, a Acorn estabeleceu um processo de escalonamento. Se os distribuidores precisassem de um nível maior de desconto – digamos, para fechar um negócio com um cliente importante ou mais sensível ao preço batendo um lance de um concorrente —, eles poderiam receber até 43% sem passar por um processo formal de aprovação. Mas, em retorno, a Acorn reduziria a quantidade de abatimento anual que o distribuidor poderia ganhar. Quanto mais alto fosse o desconto, mais baixo seria o abatimento. Temendo que os distribuidores pudessem abusar desse processo, os gerentes da Acorn tentaram desestimulá-los a buscar uma exceção ao exigir que eles enviassem a documentação da negociação final. Eles também fizeram auditoria seletiva nos distribuidores.

Caso os distribuidores precisassem de um desconto acima dos 43%, eles tinham que fornecer provas de que precisavam do preço menor para obter uma aprovação formal por escrito da administração da Acorn. Esses negócios não contariam para o abatimento de final de ano.

ESTUDO DE CASO

Problema: cortar as "exceções" de preço para os parceiros de canal

Empresa: Acorn Holdings
Produto: ferramentas de energia
Fonte: projeto da Simon-Kucher & Partners

Quando examinamos os níveis de desconto em cada negócio, vimos dois grupos em destaque: 37% e 43%. Juntos, eles respondiam por mais da metade de todas as transações e praticamente todas as exceções. Você poderia esperar o resultado de 37%. A constatação intrigante, no entanto, é a ausência quase completa de transações entre 38 e 42%. Embora os distribuidores pudessem ganhar um abatimento maior de final de ano caso tivessem comprado o produto com um desconto de, digamos, 41% em vez de 43%, eles ignoraram o incentivo extramonetário inteiramente e simplesmente focaram em obter o preço mais baixo, que não exigia esforço adicional. Aparentemente, o incentivo de um abatimento mais alto – combinado com o desestímulo da documentação e das auditorias – não foi forte o suficiente para incitá-los a defender níveis de preço maiores.

A constatação mais intrigante, no entanto, surgiu quando a empresa modificou sua estrutura de descontos no ano seguinte, junto com um aumento nos preços de catálogo. Ela eliminou a barreira dos 37% e lançou um processo de aprovação de duas etapas. Todos os descontos abaixo de 43% exigiriam uma aprovação da Acorn, com base em uma defesa mais rigorosa. Todas as solicitações de descontos além de 47% exigiriam a aprovação do vice-presidente de divisão da Acorn. As vendas resultantes não gerariam abatimento algum para o distribuidor.

Quando esquematizamos os níveis de desconto para todas as negociações para o ano seguinte, percebemos o mesmo fenômeno. Os distribuidores simplesmente analisaram como a Acorn armou a nova estrutura e jogaram de acordo com ela. Eles ignoraram os incentivos idealizados para estimular a venda a preços mais altos. Por que ignoraram o incentivo e abusaram do sistema? Eles simplesmente não precisavam do abatimento, porque ganhavam dinheiro com manutenção, suprimentos secundários e serviços de acompanhamento. O interesse deles em obter outro cliente de serviços – e o conseqüente fluxo de receita – ultrapassou em muito os poucos dólares extras que ganhariam da Acorn se lutassem por um preço mais alto na venda inicial.

A Acorn decidiu descartar o sistema, em vez de dificultar a sua utilização inadequada. A empresa decidiu usar mais incentivos positivos para encaminhar as pessoas para a direção certa, em vez de usar mais mecanismos de controle para manter as pessoas em linha quando o sistema base falhasse. A lógica tinha bom senso. A administração sentiu que a única maneira de deixar o sistema melhor – em termos de lucro para a Acorn – exigiria que ele também ficasse pior: mais papelada, mais tempo, mais gente para lidar com as exceções e mais treinamento. Para o novo sistema, ela usou o tipo de sistema de incentivo funcional bastante comum na indústria automotiva. Chamamos isso de "gerenciar o negociante, em vez de gerenciar a negociação".

Nesse modelo, preços menores para negociantes ou distribuidores dependeriam do cumprimento dos padrões mínimos em certas áreas, tais como aparência da loja, certificação do vendedor e um indicador independente de satisfação do cliente. A empresa também limitou as exceções de preço unicamente para compras de alto volume dos atuais clientes. A Acorn também decidiu trocar uma parte do dinheiro que antigamente "investia" em descontos por promoções táticas para limpar o estoque ou ajudar os distribuidores a corrigir desequilíbrios temporários. Depois de alguma resistência, os distribuidores aceitaram o novo sistema. A Acorn viu muito menos exceções porque as habilidades de vendas dos distribuidores com os clientes finais tiveram prioridade, e não a capacidade deles de jogar o jogo das exceções com seus próprios fornecedores.

Lidere com exemplos se quiser uma cultura de lucros

Nos mercados maduros, uma participação de mercado maior e lucros maiores são metas incompatíveis. Se você tenta estimular os lucros, precisa impedir que as pessoas fiquem nervosas no momento em que o volume cai.

O diretor de vendas da divisão de *private banking* de um dos maiores bancos do mundo demonstrou esse nervosismo quando o CEO o colocou sob forte pressão para aumentar os lucros. Ele temia uma repercussão negativa caso perdesse os clientes. Perguntamos a ele quais seriam as conseqüências se os gerentes de conta aumentassem os preços o suficiente para estimular o lucro total em 20%, mas, ao mesmo tempo, perdessem 5% dos clientes.[5]

"Isso é realmente difícil", ele respondeu. "Mesmo com lucros muito maiores, eu teria dificuldade para explicar à alta administração por que 5% dos nossos clientes mais ricos levaram os negócios para outro lugar."

Se a alta administração não consegue decidir o que quer, como pode esperar que os vendedores ajam de forma consistente e em sintonia com as metas corporativas? Dada essa tensão inevitável, é impossível convencer sua organização a apreender as oportunidades por lucros maiores quando você continua recompensando os vendedores – direta ou indiretamente – por obter volume. Se você faz isso, dá uma ênfase excessiva a uma variável na equação dos lucros (volume), e não ao lucro em si. Reconhecemos que, em geral, a empresa com maior participação de mercado é a mais lucrativa do setor, pelo menos por um certo período. Mas não vamos confundir causa e efeito: essa alta participação de mercado em si gera lucros sustentáveis mais altos, ou a empresa está meramente gozando do brilho prolongado dos dias em que tinha o produto superior que a catapultou para a liderança? Faz uma grande diferença se a empresa cresceu e depois manteve sua participação de mercado através de um produto, serviço ou marca superiores, ou através de cortes agressivos de preço.

À medida que os mercados amadurecem, os níveis de participação de mercado tornam-se mais complexos. A inovação é a melhor maneira de mudá-los ou ampliá-los significativamente, mas inovações verdadeiras são raras. Daí que, nos mercados altamente competitivos cheios de produtos estabelecidos, a empresa se foca na diferenciação e persegue os lucros mais altos que merece. Fazer qualquer outra coisa reduzirá desnecessariamente o potencial de lucro do mercado.

Queremos incentivá-lo não apenas a abraçar a idéia de uma orientação maior ao lucro, mas também a "viver" essa idéia em sua empresa. Mas como você obtém essa orientação a curto prazo e a torna firme a longo prazo?

O gerente que aceita esse desafio tem pouca chance de ser bem-sucedido se não identificar e resolver os conflitos de meta da organização. A maioria das empresas tem dois conjuntos de metas a serem obedecidos: aqueles codificados nas declarações e manuais de visão da empresa, e as metas de fato, não-escritas mas projetadas pela alta administração através de suas ações e sua atmosfera. Os problemas começam quando essas metas não combinam.

Os conflitos de meta atuam de forma insidiosa para prejudicar a capacidade de funcionamento da empresa. Eles interferem nos esforços de vendas cruzadas, impedindo que as empresas compartilhem adequadamente o crédito e o dinheiro quando de uma venda. Além disso, reduzem a eficácia e a transparência, pois as pessoas relutam em falar ou trocar informações. Por fim, sufocam a iniciativa, já que as recompensas por correr riscos não são claras. Esses conflitos podem até distorcer os sinais do mercado, pois incentivam as equipes de vendas a colocar os produtos na rua a condições absurdas apenas para fazer uma venda. No conjunto, os conflitos nas metas quase sempre conseguem reduzir a capacidade da empresa de obter os lucros maiores que ela merece.

Compreender e resolver os conflitos nas metas exige a mudança da resistência ao longo do caminho que seus funcionários preferem trilhar em busca de dinheiro, prestígio, status e também satisfação pessoal e uma lista completa de outros motivadores – até mesmo lucro.

As ações do tipo *big bang* para implantar novos sistemas de incentivos fazem sentido no papel, mas podem criar uma cultura de incerteza. Os vendedores vão partir do pressuposto que, se a administração tinha as condições emocionais de promover uma revisão repentina, nada vai impedi-la de fazer isso de novo. As ações do varejista de produtos eletrônicos Circuit City mostram como a administração pode alimentar essa incerteza alterando as regras da noite para o dia.

Em fevereiro de 2003, 39 vendedores da Circuit City que recebiam altas comissões foram demitidos.[6] A mudança foi uma surpresa tão grande que o caso mereceu o título "Eu era tão bom, fui despedido" em uma matéria do *Wall Street Journal*. O artigo descrevia racionalmente o descompasso entre as expectativas dos vendedores e as ações da administração: "Alguns esperavam receber a notícia de que suas comissões seriam cortadas". Em vez disso, receberam cartas de demissão. Eles simplesmente ganharam muito dinheiro em uma época em que a empresa estava desesperada por economizar."[7]

Um dos envolvidos tinha vendido mais de US$ 1 milhão em computadores e produtos eletrônicos em um ano. Isso lhe garantiu um salário anual e bônus de US$ 54 mil e um lugar no President's Club para os melhores vendedores. A Circuit City o demitiu. A empresa esperava economizar, com a dispensa dos vendedores bem pagos e de 200 pessoas da manutenção, US$ 130 milhões por ano.

Dispensar pessoas sempre reduz o moral da equipe. Mas uma decisão como a da Circuit City pode destruir a confiança do funcionário, punindo as pessoas que responderam melhor aos incentivos oferecidos. Isso deixa todos cautelosos em seguir o próximo sistema ou o próximo conjunto de instruções. Faz com que se perguntem o que acontecerá com o novo sistema de incentivos da Circuit City.

Resumo

Um atalho corporativo comum é recompensar os vendedores principalmente com base no que vendem (volume) ou em quanta receita eles geram. Esse atalho geralmente incentiva um comportamento que pode destruir os lucros ou minar os esforços para aumentá-los. Ele treina os vendedores a pedir aos superiores preços menores, em vez de negociar preços maiores com os clientes.

Superar esses incentivos do tipo "atalho" é algo difícil por causa de metas conflitantes. Eles refletem o conflito crítico que apresentamos no Capítulo 1: buscar uma maior participação de mercado ou um lucro maior. Se você não focar no lucro e alinhar os incentivos de todos em torno da meta, estará se preparando para o insucesso.

Quando você quiser fornecer incentivos para os funcionários, as recompensas em dinheiro são importantes, mas não são tudo. Os incentivos também devem reconhecer a necessidade que as pessoas sentem por mais status e prestígio. A forma como você recompensa os parceiros de canal devem ser semelhantes à forma como você recompensa os vendedores. Você deve recompensá-los pelas ações que o ajudam a ganhar mais dinheiro, e não lhes dando descontos ou abatimentos em dinheiro baseados inteiramente no volume.

A cultura de lucratividade de uma empresa começa de cima. Você precisa projetar essa cultura de lucro dentro de sua empresa e fora dela também. Controlar suas comunicações com o mercado – em palavras e ações – vai garantir que a mensagem ecoe. O Capítulo 10 mostra como manter as comunicações de mercado sob controle.

CAPÍTULO 10

Tenha Sua Comunicação com o Mercado Sob Controle

*Não cometa erros.
Não vamos recuar um milímetro neste veículo.*
– Steve Lyons, chefe da divisão Ford da
Ford Motor Company, comentando o
lançamento da nova picape F-150[1]

No começo deste livro, descrevemos alguns dos desafios diários que os gerentes enfrentam nos mercados maduros. Também mostramos que, com palavras e ações, os gerentes podem exercer uma influência considerável em seus mercados. Isso significa que os gerentes e administradores em geral devem ter cuidado com o que dizem em público. Eles precisam entender como suas declarações podem ajudar a garantir oportunidades de lucro e como a comunicação equivocada ou a falta de comunicação podem colocá-los em risco. Isso se mostra especialmente verdadeiro nas empresas pequenas, que não têm o acesso a especialistas em relações públicas e assessoramento jurídico que as empresas grandes têm.

A maior parte do material dos capítulos anteriores se focou em coisas que você pode *fazer* para obter os maiores lucro que merece. Este capítulo final coloca ênfase nas coisas que você pode *dizer*.

Esteja seguro do que você diz quando fizer declarações públicas

Como discutimos no Capítulo 2, seus concorrentes não são automaticamente seus inimigos mortais. Mas isso não quer dizer que sejam seus amigos. Começar um diálogo pode certamente resolver muitos de seus problemas, mas isso também pode aprisioná-lo. As leis antitruste proíbem essas discussões, especialmente quando envolvem preço.

Mas você ainda pode externalizar suas preocupações e frustrações, como fez o chefe da divisão de telefonia móvel da Siemens, um dos cinco maiores fabricantes de telefones celulares do mundo. Depois de planejar respostas aos recentes cortes de preço anunciados pela Nokia, ele comentou que "naturalmente uma das respostas possíveis é abaixar os preços... mas eu não entrarei em uma guerra de preços irracional".[2] A Hewlett-Packard reagiu de forma parecida, porém menos contundente, quando anunciou que ia ceder participação de mercado para seu principal concorrente, a Dell, para preservar os lucros.[3]

A Nokia e a Hewlett-Packard enviaram sinais para seus mercados. Michael Porter define o sinal de mercado como "qualquer ação realizada por um concorrente que forneça uma indicação direta ou indireta de suas intenções, motivos, metas, ou situação interna".[4] Empresas de todos os tipos e tamanhos enviam sinais para todos os tipos de produtos. Muitos deles são simples e fáceis de entender.

A definição de Porter, no entanto, enfatiza a dificuldade que as empresas têm de enviar sinais. As ações que você toma no mercado, e as declarações que seus executivos ou gerentes tornam públicas, são sinais, quer você goste ou não. Seus clientes, investidores e concorrentes podem ignorar as que você queria enviar e interpretar equivocadamente as declarações e ações inofensivas de sua parte. A história a seguir mostra quanta confusão pode acontecer:

A Northwest, assim como sua antiga rival em linhas aéreas, tem um departamento de preço baseado em um modelo inacreditavelmente sofisticado de computador e uma série de analistas financeiros, e todos produzem, como se poderia esperar, uma política de preços incrivelmente complicada. As companhias aéreas mudam os preços sete vezes por dia em milhares de passagens, e os analistas tentam decifrar as estratégias, mudanças e sinais dos concorrentes, passagem por passagem, dia após dia, minuto por minuto.

Quando um ex-funcionário da Southwest foi contatado, o novo empregador rapidamente fez a pergunta que perturbava a Northwest há algum tempo. A Southwest só respondia a mudanças de preço nas terças-feiras. O que isso significava? Que sinal a Southwest estava tentando enviar para o resto da indústria?

"Nós nos reuníamos somente nas terças-feiras", respondeu o novo funcionário, dando de ombros.[5]

Sinalizar na forma de uma ampla comunicação de mercado é, não obstante, um caminho rápido, eficaz e legal para informar o mercado dos seus planos e intenções, ou deixar o mercado saber que você percebeu que alguém tomou uma decisão perigosamente ruim. Como efeito colateral positivo, isso pode servir para impedir que outras empresas realizem ações que possam acabar com seus lucros. Você deve fazer suas declarações de uma forma que possa atingir os clientes, concorrentes, investidores, analistas e, em alguns casos, até mesmo os reguladores.

Envie sinais positivos para impedir o aquecimento de uma guerra "fria" de *marketing*

As empresas que enviam sinais positivos estão tentando definir o que querem no mercado, o que sentem que merecem, que tipo de resistência toleram e que tipo de resistência vai promover retaliação. O maior campo de batalha para os veículos nos Estados Unidos – e onde as indústrias ganham a maior parte do dinheiro – é a caminhonete picape. Os concorrentes nesse mercado enviam regularmente sinais positivos. O processo de sinalização para a última versão da possante picape F-150 da Ford começou, na verdade, antes mesmo de a Ford lançá-la.

ESTUDO DE CASO

Problema: como comunicar suas metas de *marketing*

Empresas: Ford e General Motors
Produto: caminhonetes picape
Fonte: análise de informações disponíveis ao público

A citação de Steve Lyons no início dessa seção resume a postura competitiva da Ford nesse segmento. Mas, em todo o período introdutório, Lyons comprometeu seu colega Gary White, executivo da General Motors, em um fascinante toma-lá-dá-cá. Eles nunca falaram diretamente, mas seus comentários vieram a público em artigos do repórter Norihiko Shirouzu, do *Wall Street Journal*. Os artigos revelaram dois gerentes que pareciam ser comandados principalmente pelas metas de participação de mercado e volume.

Shirouzu citou Lyons, dizendo que a Ford queria aumentar o volume da série F para 1 milhão de unidades, em comparação às 813.700 unidades do ano anterior. Alcançar um índice de sete dígitos nas vendas seria "bastante divertido. Ninguém tem vendido 1 milhão de nada por enquanto".[6] Isso soa como uma reivindicação agressiva para conquistar o mercado de picapes nos Estados Unidos? Não, parece mais um reconhecimento público sem entusiasmo de algumas metas internas da Ford para incrementar a participação de mercado, e não algo que os concorrentes poderiam ver como uma ameaça real.

Mais tarde naquele ano, Lyons falou ao repórter que ele previra que a General Motors ia oferecer grandes descontos na Chevrolet Silverado e no GMC Sierra com o objetivo de atingir o relançamento do F-150 da Ford.

Em uma entrevista separada, White disse que a GM ia lutar para "manter sua liderança no grande segmento de picapes".[7] Para se defender da ameaça percebida da GM, a Ford ia continuar produzindo a antiga F-150 e usá-la como arma em uma guerra de preços.

"Se você oferecer desconto, nós também o faremos", disse Lyons, acrescentando que essa foi uma "alta aposta de pôquer".[8] Foi um sinal semelhante ao primeiro: Lyons deixou implícito que ele não queria aumentar a participação da F-150, mas era absolutamente inflexível em não querer aceitar a perda.

Sim, isso é uma aposta alta de pôquer, mas com o dinheiro dos investidores. Dada a quantidade de lucros, trabalhos e egos em jogo, tanto Lyons quanto White sabiam que precisavam ter cuidado. Em suas declarações públicas, ambos esboçaram uma solução satisfatória: se você não me atacar, não atacarei você.

Os comentários que Lyons fez depois na *CFO Magazine* confirmam que ele pode falar como um agressor, mas não age necessariamente como um. Quando a General Motors acrescentou ao seu generoso programa de incentivo um desconto por fidelidade em US$ 1 mil, no alto de seus 0% de juros no financiamento e grandes incentivos em dinheiro, a Ford não respondeu. A Ford decidiu "deixá-los ganhar impulso a curto prazo e não dar tudo de uma vez só", segundo Lyons. "No mês seguinte, eles vão se complicar e nós teremos o produto certo ao preço certo."[9]

Envie sinais neutros para dizer para o mercado se preparar para suas ações pendentes

As empresas enviam sinais neutros para dizer ao mercado de antemão o que planejaram, para impedir que o mercado reaja ou julgue mal a situação quando a mudança prenunciada acontecer. Essa seção descreve os sinais enviados pela IKEA, pela Ryanair e pela America Online.

A IKEA, o maior e mais lucrativo varejista do setor mobiliário do mundo, empenha-se em manter os menores preços do mercado, sem ir aos extremos. A IKEA declarou publicamente que a empresa corta os preços logo que percebe que um rival é mais barato.[10] Mas, fazendo isso, a IKEA preserva o relacionamento entre seus próprios preços e os dos concorrentes locais. As declarações da IKEA são um sinal, uma mensagem clara de que nunca permitirá que os concorrentes vendam por preços menores do que os seus.

A ameaça procede. A capacidade de produção da IKEA é tão grande e seus custos, tão baixos, que ela poderia vender a preços muito menores do que todos os concorrentes. Mas ela prefere seguir uma estratégia que a faz mais lucrativa, mesmo que isso possa indicar que os concorrentes podem ganhar dinheiro também.

Sinalizar não é algo novo para a indústria aérea, embora algumas empresas enviem e decodifiquem sinais melhor do que outras. Michael O'Leary, presidente da Ryanair (o equivalente na Europa da Southwest Airlines), planeja "destruir o transporte aéreo europeu como nós o conhecemos" ao se tornar maior do que as grandes transportadoras nacionais, como a British Airways, a Air France e a Lufthansa.[11] Você gostaria de conhecer a estratégia de O'Leary? Ele revelou isso publicamente quando disse que a Ryanair planeja reduzir os preços da passagem em 5% ao ano nos próximos cinco anos. Isso levaria o preço médio da passagem da Ryanair de €49 para menos de €38.[12] É claro, O'Leary pode revisar essa orientação a qualquer momento. Ele não tem bola de cristal. Mas, como presidente de uma empresa de capital aberto, ele não pode divulgar publicamente todos os números que gostaria. O'Leary efetivamente estabeleceu uma meta alta e disse a seus futuros oponentes os preços que eles precisariam oferecer para desafiá-lo. Em um momento em que todas as linhas aéreas estão envolvidas com planos de negócios para alternativas de transporte de baixo custo, essa é uma poderosa barreira de entrada.

No Capítulo 7, analisamos a decisão da AOL de aumentar a taxa de assinatura mensal do tradicional serviço discado de Internet. Se você avaliou o serviço da empresa unicamente com base nas suas características individuais – qualidade de conexão, facilidade de uso e opções técnicas, você provavelmente não colocaria a AOL no topo. No entanto, em sua totalidade, o serviço da AOL era uma forma simples e fácil de ficar *online*. O cliente-padrão achava isso bom.

ESTUDO DE CASO

Problema: como "fazer um balão de ensaio" diante de um potencial aumento de preço

Empresa: America Online
Produto: serviço de Internet discada
Fonte: análise de informações disponíveis ao público

Historicamente, os provedores de Internet nos Estados Unidos estabelecem os preços em relação ao *benchmark* da AOL. Depois que a AOL elevou o preço do serviço básico discado para US$ 23,90 por mês, a EarthLink optou por fazer o mesmo, enquanto a Microsoft manteve os preços no MSN. Isso tornou evidente o que cada competidor buscava. A EarthLink precisava de dinheiro, e o MSN queria participação de mercado. A NetZero, um competidor de baixo custo, continuou baseando todo seu posicionamento na AOL afirmando que seu serviço custava a metade. A AOL tinha fornecido estrutura e condições para um mercado em franco crescimento.

Se você tivesse acompanhado as atividades da America Online após a fusão AOL Time Warner, saberia que o aumento era inevitável. Era só observar as declarações públicas dos representantes da AOL e a evolução dos acontecimentos.[13] Antes do anúncio, só não era conhecido o tamanho do aumento.

A menos que você acredite que todas as declarações na Figura 10.1 são coincidência, você concluiria que a AOL conduziu uma campanha planejada de sinalização. É claro que os que não acreditam em sinais podem questionar se todas essas declarações realmente fazem alguma diferença para os concorrentes.

Eles argumentam que a Microsoft e a EarthLink teriam tomado exatamente as mesmas decisões, independentemente do que a AOL dissesse nos meses que precederam o aumento de preço. Esses comentários esquecem o ponto principal.

Coloque-se na posição da AOL. Seus custos subiram por causa de um aumento vertiginoso no uso por parte dos clientes. Você vê o aumento na penetração da banda larga, mas não tem resposta a essa ameaça ao seu principal serviço discado. (Na verdade, a AOL só anunciou uma estratégia de banda larga 18 meses após o aumento de preço.) Se você decide gerenciar o declínio iminente do seu serviço

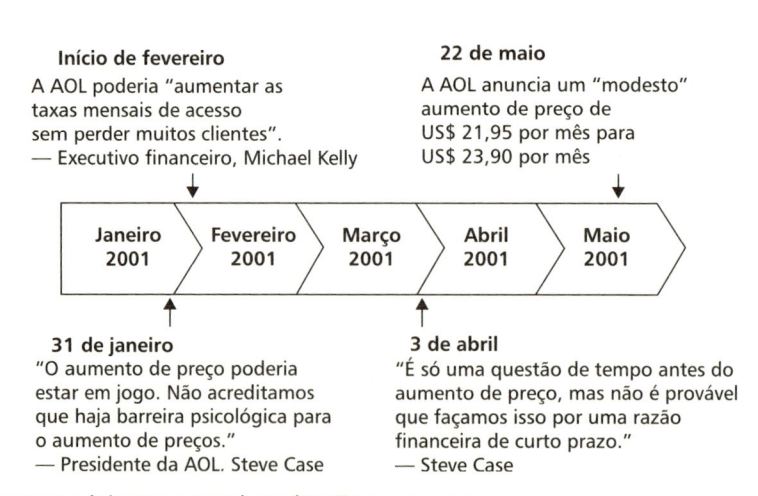

Início de fevereiro
A AOL poderia "aumentar as taxas mensais de acesso sem perder muitos clientes".
— Executivo financeiro, Michael Kelly

22 de maio
A AOL anuncia um "modesto" aumento de preço de US$ 21,95 por mês para US$ 23,90 por mês

Janeiro 2001 → Fevereiro 2001 → Março 2001 → Abril 2001 → Maio 2001

31 de janeiro
"O aumento de preço poderia estar em jogo. Não acreditamos que haja barreira psicológica para o aumento de preços."
— Presidente da AOL, Steve Case

3 de abril
"É só uma questão de tempo antes do aumento de preço, mas não é provável que façamos isso por uma razão financeira de curto prazo."
— Steve Case

Fonte: reportagem da imprensa no endereço http://www.news.com.

FIGURA 10.1 O plano de sinalização da AOL antes do aumento de preço.

ao aumentar os preços e apoiar os lucros, terá de fazer algumas suposições em relação a como seus clientes, a comunidade de investimentos e os concorrentes poderiam responder. Mesmo que você esperasse, com alguma dose de certeza, que o MSN usasse seu movimento como oportunidade para ganhar alguma participação de mercado (mas não apenas cortar o preço), enquanto a EarthLink busca um caixa extra, você ainda enfrenta o risco de que isso não vai acontecer. Você enfrenta o risco de que os concorrentes se comportem irracionalmente por causa da pressão do tempo. Como você pode diminuir esse risco? Você envia sinais com antecedência. Você dá ao mercado tempo para pensar em respostas ou fornecer uma indicação do que pode responder, antes que a ação ocorra. Você tenta construir sua própria confiança de que ninguém vai se precipitar quando chegar a hora da resposta.

É um absurdo imaginar que a AOL disse aos concorrentes o que fazer, ou que alguém na sede do MSN em Redmond, Washington, precisou da assistência da AOL para moldar uma resposta. Se você viu um comercial da EarthLink dessa época ou recebeu uma propaganda do MSN perguntando se gostaria de trocar de serviço, vai perceber que não há juras de amor entre esses rivais. No nosso ponto de vista, a AOL usou os sinais para garantir a estabilidade de seu mercado. Da mesma forma como queria informar o mercado sobre o aumento de preço, queria dizer que desejava estabilidade e disciplina de mercado, não alvoroço. Por que arriscar mudanças repentinas na participação de mercado de um ou outro quando todos, a AOL, o MSN e a EarthLink, sabem que essas mudanças não seriam sustentáveis, já que o outro jogador seria forçado a retaliar imediatamente? A AOL queria fazer uma contribuição para a estabilidade em seu mercado.

Envie sinais ofensivos como uma jogada de advertência para forçar uma retirada

Quando discutimos sinalização com nossos clientes, geralmente encontramos, pelo menos, um descrente que descarta toda a noção de sinalização como blá-blá-blá acadêmico.

Sinalizar como parte de uma estratégia de *marketing*, entendem eles, é muito inadequado. É como escutar que o personagem de um filme do Arnold Schwarzenegger repentinamente largou a espada e o escudo e pediu para um monge liberar um *press release* dizendo: "Conan, o bárbaro, entende que lutar é uma perda de tempo e está feliz com a sua atual posição no mundo". Será que isso é muito drástico?

Não é drástico, dizem os descrentes. Um verdadeiro concorrente nunca ficaria brincando no mercado, divulgando *press releases* ou dando entrevistas na esperança de que alguém morda a isca. Era negócio, apesar de tudo, e não um tema de casa da terceira série.

"Não, o único sinal que alguém entende é a dor", concluem. "Infligir tanto quanto possível, até que seus concorrentes desapareçam."

A divisão "nós contra eles" nessa cultura de agressão dificilmente poderia ser mais clara. Os agressores causam dor, independentemente de quanto prejuízo seus próprios lucros poderiam também sofrer. Para eles, o veículo é a mensagem, e sua escolha de veículo é a guerra. Por outro lado, os representantes superiores tentam "infligir a paz" em seus mercados. Eles entendem que você pode atingir muitas de suas metas comerciais sem um intenso movimento de adrenalina.

Às vezes, até mesmo os gerentes mais pacíficos e reservados precisam infligir dor. Sinais ofensivos permitem que você inflija dor em doses moderadas: se os concorrentes implementam algo de que você não gosta, às vezes o mais eficiente é contra-atacar. Mas você precisa evitar que isso se torne um confronto direto. Em vez disso, foque o contra-ataque em uma área em que o concorrente vai perceber, mas provavelmente não vai avançar.

A Continental Airlines respondeu dessa maneira para a Northwest. No início dos anos 90, a Northwest Airlines cortou os preços em várias rotas na costa oeste dos Estados Unidos. A empresa, no entanto, não havia contado com uma reação da Continental Airlines, que tinha começado a fazer da costa oeste dos Estados Unidos um de seus principais mercados.

Em lugar de contra-atacar no seu campo doméstico, onde queria manter uma vantagem, a Continental reduziu drasticamente os preços de e para Minneapolis, onde a Northwest tinha um de seus maiores eixos. A Northwest pareceu entender a mensagem e rapidamente restabeleceu os preços na costa oeste aos níveis anteriores.[14]

Aproximadamente dez anos depois, várias companhias aéreas abandonaram seus esforços individuais de aumentar os preços em 10 dólares em cada trajeto na maioria das rotas, porque a Northwest Airlines decidiu não responder da mesma forma em todas as rotas.[15] O que eles estavam pensando? Como você negocia com uma empresa como a Northwest Airlines em seu mercado?

Se tudo o que os agressores entendem é a dor, ensine a eles uma lição com um ataque cirúrgico como seu último recurso. O mais importante é evitar o contra-ataque nas áreas em que os concorrentes o vêm atacando, atacando-os diretamente – e no mesmo nível – em um mercado que eles mesmos valorizam.

ESTUDO DE CASO

Assunto: como responder quando um concorrente entra em seu mercado

Empresas: Continental Materials e Morgan
Produto: isolamento especial
Fonte: projeto da Simon-Kucher & Partners

Os dois principais líderes no mercado europeu de isolamento especial são a Morgan, com sede no Reino Unido, e a Continental Materials, com sede na Alemanha.[16] A Morgan é líder no mercado doméstico, mas tem somente uma pequena participação de mercado na Alemanha, o maior mercado nacional da Europa. A Continental Materials (Conmat) enfrentava a situação oposta. Ambas as empresas também estavam na França, onde o concorrente local tinha de longe a maior participação de mercado. A Morgan tinha ainda uma posição mais forte que a Conmat na Espanha, mas este era consideravelmente menor do que os outros mercados europeus.

Quando a Morgan parou de crescer, não precisou olhar para muito longe para encontrar novas oportunidades. As melhores chances pareciam se encontrar no atraente mercado alemão. A esta altura, você pode facilmente adivinhar qual era a estratégia principal: atacar.

A empresa pensou que poderia aumentar sua participação de mercado de 8% para pelo menos 15%, talvez até 20%. Poderia subsidiar os baixos preços com os altos lucros do mercado menos competitivo e muito mais lucrativo do Reino Unido. A Morgan sustentou os cortes de preço na Alemanha expandindo sua força de vendas e agressivamente se aproximando dos clientes.

A Conmat tinha previsto esse tipo de ataque no mercado doméstico, onde tinha uma participação de mercado de 44%. Ela contra-atacou imediatamente cortando os preços maciçamente – não na Alemanha, mas no Reino Unido! A Conmat tinha uma pequena presença no Reino Unido e, portanto, pouco a perder. O ataque da Morgan mudou a dinâmica do mercado e forçou a Conmat a reavaliar suas oportunidades. Entrar no mercado do Reino Unido – uma opção que sempre estivera disponível – agora fazia mais sentido do que nunca. Assim como a Continental fez com a Northwest Airlines em meados dos anos 1990, a Conmat imaginou que a Morgan sentiria a dor em seu mercado doméstico e poderia não levar a sério um sinal mais ameno. A Conmat focou seus esforços de vendas quase que inteiramente nas principais contas da Morgan. Não levou muito tempo para a Morgan perceber justamente o que poderia perder. Ela parou de fazer reduções de preço na Alemanha.

A Conmat tinha restabelecido seu equilíbrio no mercado alemão e voltou os preços no Reino Unido aos níveis anteriores. A Morgan teve sorte por ver que seu ataque – orientado puramente pelo preço e somente preço – não atingiu de forma permanente os seus níveis de lucro.

A Conmat fez as contas e percebeu o dilema. Atacar a Morgan diretamente na Alemanha, e não no Reino Unido, era mais arriscado e caro, porque teria ameaçado um negócio três vezes maior do que no Reino Unido.

A questão tem dois lados. A Morgan se preparou para perder o quê? Um ataque na França ou na Espanha não teria mudado a dinâmica de mercado. Havia pouco risco na França, de onde vinham apenas 3% do seu total de vendas. Um ataque na Espanha era uma piada. O mercado era pequeno, e a participação da Conmat, mínima. Havia pouco risco também na Alemanha, o que motivou a abordagem "botar para quebrar". A Morgan, no entanto, tinha tudo a perder em seu mercado doméstico. Os lucros no Reino Unido pagavam as contas, e ela não poderia perdê-los – provavelmente para sempre – por causa de uma desnecessária guerra de preços.

Aprenda a perceber e a interpretar os sinais

O mais fácil e melhor teste para saber se um sinal é um sinal é sua importância para seus *clientes*. Isso pode parecer estranho à primeira vista. Mas, como mencionamos no Capítulo 2, seu foco deve continuar em seus clientes atuais e potenciais, e não no concorrente. Se a informação que um competidor transmite pode ter um impacto direto em seus clientes, considere um sinal que deve ser levado a sério. Você deve, então, agir de acordo e monitorar as respostas subseqüentes. Na história do começo deste capítulo, o fato de que a Southwest estabelece seus preços sempre nas terças-feiras é, por si só, irrelevante. Os níveis de preço, os termos e as condições anunciadas importam. Grandes empresas de capital aberto costumam ser generosas na sinalização de suas estratégias, suas projeções de rendimento e lucro e o crescimento estimado para a indústria.

Você tem sete fontes confiáveis para monitorar e enviar comunicações em seu mercado: seus colegas, os governos, as associações comerciais, relatórios de analistas, reportagens da imprensa, distribuidores e clientes. Um analista financeiro de uma grande corretora falou a um dos autores que ele sempre é surpreendido com a quantidade de informações que os CEOs e os CFOs revelam em feiras e conferências com investidores.[17] O conhecimento útil sobre os concorrentes é, na verdade, mais fácil do que difícil. A questão principal na qual você precisa se focar, dia sim, dia não, é: quão agressivos são seus concorrentes? Eles estão cuidando de seu próprio negócio, ou estão promovendo ações agressivas que vão reduzir seus lucros? Para responder a essa questão, você precisa encontrar e interpretar os sinais que seus concorrentes enviam.

Os sinais mais poderosos e significativos, é claro, são as suas ações. Você precisa observar o que os seus concorrentes fazem no mercado e como isso afeta diretamente os seus clientes. Somente então você pode ver se as ações deles se alinham com as estratégias planejadas nas comunicações ao mercado.

Muitos dos sinais aparecem nas fontes a seguir, que você pode explorar rapidamente.

- *Sua própria empresa*. Seus colegas têm levantamentos de dados, alguns não processados e outros não escritos e baseados em relatos informais. O desafio está em estruturar e avaliar essa informação. Mais útil na hora de avaliar o raciocínio dos concorrentes são, obviamente, os ex-funcionários de seus clientes que estão agora trabalhando para você.

- *Dados governamentais*. São grandes as chances de que seu concorrente seja uma empresa de capital aberto ou seja propriedade de uma. Nos Estados Unidos, essas empresas precisam apresentar relatórios trimestrais detalhados para a Securities and Exchange Commission (SEC). Embora boa parte do material nos relatórios anuais (o 10-K ou 20-F) seja texto-padrão ou simplesmente confirme o que você já sabe, esses relatórios podem conter ouro. Os dados mais ricos usualmente ficam enterrados em arquivos relacionados às ofertas públicas.

- *Associações comerciais*. Muitos desses grupos reúnem dados dos membros e jogam de volta na forma de resumo ou em suas próprias revistas. Outras conduzem estudos de mercado em nome de seus membros, que poderiam não ter como arcar com esse tipo de pesquisa sozinhos.

- *Relatórios de analistas*. Os analistas participam de resumos, entrevistas e outras formas de pesquisa para compilar seus relatórios. Os dados que eles fornecem – se deduzidos ou citados diretamente – se aprofundam mais do que os relatórios e declarações oficiais da empresa. Use-os.

- *Imprensa local*. Você também encontrará informações valiosas e freqüentemente surpreendentes sobre os concorrentes na imprensa da cidade em que essas empresas operam. Dessas publicações você obtém informações oportunas sobre expansões ou fechamentos de fábricas, mudanças no pessoal, moral dos funcionários, os resultados dos processos de aprovação para construção ou mudanças de zona e fatos isolados que a empresa não publica em nenhum outro lugar.

- *Distribuidores e clientes*. No que tange aos planos de lançamentos, às vantagens de produtos e às desvantagens, as ações de seus clientes e distribuidores dirão tudo o que você realmente precisa saber. Invista mais tempo rastreando como *eles* mudam, e não seus concorrentes.

Manter sua comunicação de mercado sob controle é a última peça que você precisa para atenuar a tensão no mercado e captar os lucros mais altos que você merece. Agora você deve ter suas suposições, metas e operações em sintonia. Lembre, contudo, que permanecer consistente em suas ações e declarações externas é uma parte crucial de sua "estratégia de comunicação".

Resumo

Os elementos que constituem seu mercado – clientes, concorrentes, analistas, reguladores e investidores – não são adivinhos. A única forma que eles podem entender e reagir à sua empresa é observar suas ações e declarações públicas. Isso significa que você deve prestar muita atenção a como o mercado interpretará suas ações e, especialmente, suas declarações. Esses são os sinais que ajudam o mercado a entender o que você está pensando, o que você está planejando e por que você se comporta da forma que se comporta.

Não controlar, sistematicamente, suas próprias declarações e ações públicas pode fazer com você pareça inconsistente e imprevisível. Você poderia incentivar o mercado a responder de formas que minem o lucro, em vez de protegê-lo.

Você pode fazer três tipos de sinais: positivo, neutro e ofensivo. Sinais positivos ajudam o mercado a entender como você responderia a uma mudança específica no mercado. Sinais neutros fornecem uma impressão geral de suas intenções. Sinais ofensivos representam respostas diretas e unilaterais às ações do concorrente. Você os utiliza quando escolhe uma luta digna de vencer. Mas, antes disso, você precisa ser muito específico em sua comunicação de que você tem um espaço natural e vai defendê-lo. Definimos espaços naturais quando introduzimos o mapa da concorrência no Capítulo 2.

Todo mundo envia sinais através de suas palavras e ações, não somente você. Tenha certeza de procurar esses sinais em várias mídias, como arquivos públicos, a imprensa especializada e a imprensa comercial. Você deveria rastrear e monitorar essas palavras e ações sistematicamente e revisá-las com regularidade.

CAPÍTULO 11

Epílogo – É Hora de Transformar em Dinheiro Suas Oportunidades de Lucro

A IMPLEMENTAÇÃO do nosso programa força-o a buscar o equilíbrio entre três compromissos. Você precisa defender a mudança cultural (que se reflete no título deste livro) que substitui a agressão e a reação por uma forma mais apropriada de concorrência, com base na diferenciação e no valor. Você precisa estimular o rigor, a disciplina e a atenção nos detalhes necessários para se dedicar ao programa e monitorar seu progresso. Esses dois primeiros compromissos resultam em um terceiro: o compromisso de alcançar resultados financeiros antecipados – os maiores lucros – que vimos que as empresas descritas neste livro produzem.

Vamos ser realistas. Nada disso acontece da noite para o dia. Ao contrário de nossas mais profundas esperanças e sonhos, este livro vai criar uma polêmica muito antes de criar consenso. Quando afirmamos que nosso programa pode promover um crescimento do lucro equivalente a algo entre 1 e 3% da receita anual para empresas com produtos maduros em mercados maduros, até os gerentes mais céticos prestam atenção. Eles sabem que as empresas em que trabalham sofrem da doença do lucro global que descrevemos no Capítulo 1. Mas eles querem provas e retribuição: mostre-me como isso pode acontecer em nossa empresa! E mostre-me quando *nós* recebemos nosso dinheiro!

Esperamos que os casos dos Capítulos 2 a 10 falem por si e forneçam idéias relevantes sobre como estabelecer provas em sua própria empresa e obter o retorno desejado. Mesmo que seja assim, provavelmente você vai ter as mesmas três solicitações que os gerentes invariavelmente têm quando abraçam esse programa:

- Diga-me como começar.
- Diga-me quais recursos (pessoas, dinheiro, tempo) eu preciso empenhar.
- Diga-me o que pode dar errado.

Usamos a maior parte deste capítulo para responder a essas solicitações. Depois fornecemos uma pequena lista de perguntas que você pode usar para caracterizar sua situação atual e estimar a direção e o escopo gerais de seu progresso. Tenha em mente que a maioria das empresas tem êxito com esse programa criando expectativas de progresso, em vez de perfeição. É muito mais importante lutar por progresso constante – apesar das adversidades ocasionais – do que esperar resultados perfeitos.

Estabilize sua posição de mercado, depois redefina-a

Os Capítulos 2 e 3 mostraram como os competidores inteligentes conseguem lucros mais altos exercendo a restrição e diferenciando-se pelo valor (serviço, apoio, relações, marca, etc.) e não com preços agressivos. Os competidores pacíficos também se baseiam em evidências objetivas e pressuposições baseadas em fatos, e não em relatos informais e na sabedoria convencional da indústria. Tratam-se de idéias poderosas que você precisa traduzir em seus próprios termos.

Para começar esse processo, você precisa inserir dados brutos no mapa da concorrência (Capítulo 2) e na curva de lucros (Capítulo 3). Novamente, o progresso é mais importante do que a perfeição. Usando as técnicas de análise de dados internos descritas no Capítulo 4, a maioria das empresas com que trabalhamos encontra rapidamente atos de agressão ou de reação para demonstrar os efeitos negativos.

Você pode usar esse grupo crescente de evidências para lançar uma campanha interna de comunicação e enfatizar o lucro em detrimento da participação de mercado. Sem as evidências, você corre o risco de ter contratempos porque sua empresa vai perceber as declarações como discurso crítico, e não como algo fundamentado em evidências e pressuposições baseadas em fatos. Em sintonia com o que descrevemos no Capítulo 8, comece a adotar uma rigorosa abordagem ao estilo "culpado até prova em contrário" com qualquer pessoa que sugerir a adoção de uma ação agressiva ou reativa (incentivos para os clientes, recompensas, isenções de taxas de serviços e fretes, cortes de preços, termos estendidos). Dependendo da gravidade de sua situação, isso pode forçá-lo a adotar medidas de controle draconianas a curto prazo – como exigências rígidas de finalização nas negociações ou penalizações por não-conformidade – para impedir que o comportamento destruidor de lucros continue.

Como culturas corporativas individuais diferem muito, é difícil oferecer sugestões específicas sobre como comunicar essas medidas. Mas observamos que a máxima "o meio é a mensagem" geralmente se aplica. A mera ameaça da exposição, do fardo administrativo adicional ou de penalizações (perda de lucros, avaliações mais pobres e perda de status) é geralmente suficiente para obrigar as pessoas do setor de vendas e *marketing* a começar a pensar através das conseqüências de suas decisões e começar a mostrar as restrições. Você deve combinar essa ameaça, no entanto, com uma política inequívoca que liberta sua organização de seu maior medo: perder volume ou, pior, perder clientes. Por fim, você deve expressar e celebrar os sinais de adoção real – em palavra e ação – desta nova forma de pensar.

A combinação dessa ameaça, a nova política e o reforço positivo vão estabilizar sua situação "estancando a sangria". Também vai ajudar a deixar as pessoas abertas a abordagens alternativas à medida que suas evidências – e os casos de mudança – continuam a crescer. Essas evidências surgem dos resultados que você gera a partir das ferramentas descritas nos Capítulos 2, 3 e 4, as quais vão ajudá-lo a identificar e contar as pressuposições fracas ou dúbias, ver indicações claras de onde você entrega mais valor do que seus concorrentes e, da mesma forma, perceber as primeiras oportunidades claras para extrair mais valor. Elas vão lhe fornecer a base para sua nova posição de mercado, que evoluirá à medida que você avançar no resto do programa.

Tenha em mente o conselho de Ted Levitt, que escreveu que "a manutenção do sucesso tem mais a ver com o foco regular nas coisas certas e fazer uma série de pequenas melhorias não-divulgadas todos os dias".[1] Você vai continuar encontrando espaço para melhorias ao caminhar de um bom desempenho nos lucros para o desempenho de pico nos lucros. As empresas conhecidas como *campeãs ocultas* servem como modelos para essa abordagem, porque perceberam que a "boa administração significa realizar muitos pequenos detalhes melhor do que o concorrente, em vez de acertar em apenas um ou outro elemento".[2]

Deixe que os campeões experientes façam o esforço

Uma decisão pessoal é essencial para o sucesso: a escolha dos líderes internos para esse esforço. Convencer sua empresa a focar no lucro, e não na participação de mercado – e aproveitar as oportunidades de lucro resultantes –, obviamente exigirá o envolvimento de executivos experientes e de alto nível. O diretor de *marketing* ou financeiro geralmente mostra a afinidade mais forte, mas, embora possam ir ao púlpito mais alto e reafirmar o comprometimento, eles não podem gerenciar o trabalho diário.

Essa é tarefa para um gerente experiente em vendas ou *marketing*, que já passou por pelo menos uma grande mudança no mercado ao longo de sua carreira. Essa mudança poderia ser um longo período de falta ou excesso de capacidade, aumentos drásticos nos custos da matéria-prima, uma consolidação de setores entre clientes ou concorrentes, ou uma mudança tecnológica, que forçaram a empresa a mudar a forma como atender os clientes.

Esse perfil talvez soe um pouco contra-intuitivo. A sabedoria convencional afirma que a maioria dos gerentes veteranos *per se* incorporaria uma mentalidade do tipo usual, tomariam suas decisões baseadas unicamente em um mau pressentimento e abrigariam a maior resistência à mudança. Quanto mais tempo ficarem na empresa, mais arraigadas suas crenças.

Essa visão não é apenas substancial, ela também ignora várias vantagens que esses gerentes têm em relação aos colegas mais novos, que tiveram pouca ou nenhuma mudança prejudicial em suas carreiras até agora. Em primeiro lugar, a agitação no passado já os forçou a abandonar a sabedoria convencional antes, em vez de extrapolar o padrão usual de negócios para a nova situação. A sabedoria convencional, como afirmamos no Capítulo 3, torna-se perigosa quando as condições nas quais surgiu não se aplicam mais.

Os gerentes veteranos também podem trazer sua extensa experiência pessoal com os clientes para apoiar os exercícios internos, como a criação de curvas de demanda, descritas em detalhes no Capítulo 4. Como salienta Peter Drucker, "não importa o quão bom sejam os relatórios, nada ganha da observação direta e pessoal, e de uma forma em que é realmente observação externa".[3]

Finalmente, esses gerentes podem ajudar a desafiar as pressuposições e a sabedoria convencional porque têm a estatura e o poder para fazer perguntas sem respostas.[4] Eles podem investigar repetidamente perguntando "Por que isso é assim?" e "O que lhe dá tanta certeza de que é isso o que o cliente realmente quer?"

Obviamente, você não precisa abandonar o programa se não conseguir encontrar alguém com esse perfil exato em sua organização. O próximo bom candidato é alguém que tem anos de experiência trabalhando com os clientes, mas também desfruta de uma boa reputação e credibilidade entre os vendedores.

Executar esse programa também exige um investimento em dinheiro. Como explicamos no Capítulo 5, você precisa de *feedback* do cliente para definir seu novo programa de *marketing* (produto, segmentação, promoção, preço) como melhor opção. Embora os dados internos possam fornecer inúmeras idéias fresquinhas, elas nem sempre são suficientes. Em muitos casos, você vai precisar coletar dados dos clientes para testar hipóteses mais sofisticadas. As informações externas válidas são mais difíceis de conseguir e com bastante freqüência são negligenciadas em favor de informações internas, um ponto bastante enfatizado por Peter Drucker.[5] Portanto, essa área exige uma atenção específica e o comprometimento de recursos por parte da alta administração. Quando um produto maduro ainda pode gerar dezenas de milhões de dólares em lucros extras, um investimento de seis dígitos em pesquisa de clientes parece bastante razoável para garantir que você atinja o máximo.

Quando uma pequena empresa ou divisão não conseguem justificar essa despesa em relação ao potencial de lucro, ela ainda deve encontrar alguma forma de *feedback* dos clientes atuais ou em potencial para servir como parâmetro. Descrevemos algumas dessas abordagens de pequena escala no Capítulo 5. Não importa qual seja a situação, o *feedback* do cliente sobre as preferências e a disposição de pagar é indispensável na hora de idealizar produtos, desenvolver pacotes, estabelecer preços ou planejar as promoções com o lucro em mente. Trate a coleta de dados externos do cliente como um investimento e não como despesa. Um investimento contínuo vai permitir que sua empresa continue ajustando o *mix* de *marketing* para aproveitar oportunidades adicionais de lucro e minimizar o risco dos efeitos adversos, especialmente uma reação exagerada por parte dos clientes, concorrentes ou investidores.

A questão do tempo é a mais difícil de responder definitivamente. Devido à intensidade do comprometimento, algumas empresas perceberam que os negócios estabilizaram e a "sangria" parou em questão de semanas, embora uma visão geral completa leve, em geral, três meses para ser compilada. Esse primeiro marco não apenas oferece as oportunidades iniciais de lucro, como também desenvolve as compras e cria um apetite por partes mais a longo prazo no processo: a mudança cultural duradoura e as mudanças orientadas ao cliente no *mix* de *marketing*. Dependendo das idéias e da necessidade de ajustes, a implementação permite um aprimoramento nos lucros, mas ainda leva um ano para ser concluída inteiramente.

No que tange à mudança cultural duradoura, isso depende do porte da organização e em como você aborda o programa. A maioria das empresas com quem trabalhamos começam com projetos-piloto (em um região ou em várias) para estabelecer provas e retorno antes da exposição do resto da organização. Para uma empresa diversificada e global da *Fortune 500*, esse processo pode levar de dois a três anos para atingir todas as partes da empresa.

Evite as recaídas e a falta de comunicação

As três principais armadilhas correspondem aos Capítulos 8 a 10. Esse programa apresenta seus maiores riscos quando uma adversidade percebida – como uma grande perda inesperada de participação de mercado – faz com que algumas pessoas questionem seu comprometimento com o esforço. No Capítulo 8, discutimos muitas formas através das quais as pessoas podem acabar com o programa.

O desafio com incentivos (consulte o Capítulo 9) encontra-se em convencer as pessoas a começar a adotar comportamentos e práticas mais lucrativos antes de ter a oportunidade de trocar os incentivos oficiais. Este é um incômodo infeliz e geralmente inevitável porque as empresas quase sempre lançam esse programa durante um ano fiscal, depois que os gerentes e funcionários já acertaram os incentivos e objetivos individuais. A próxima oportunidade para a mudança no atacado é, em geral, o início do próximo ano fiscal. Você pode usar melhor as semanas ou meses intermediários trabalhando com vendas e *marketing* para obter consentimento nos novos incentivos, como descrevemos no Capítulo 9. A comemoração do sucesso ao longo do programa, como mencionado anteriormente neste capítulo, é uma forma de tapar o buraco antes que seja adotado um novo sistema.

Ao conceber um novo sistema, você deve tentar garantir que os vendedores e a administração entendam completamente as exigências e as recompensas, e essas informações e recompensas fluam externamente. Em teoria, o vendedor pode ver o nível da recompensa durante a venda ou a negociação, como o sistema Kinston instituiu (consulte o Capítulo 9). As recompensas também devem ser pagas em intervalos curtos (mensalmente é melhor do que trimestralmente, trimestralmente é melhor do que semestralmente, etc.).

Por fim, você precisa gerenciar essa mudança cuidadosamente. Erros ou interpretações equivocadas causam grandes danos quando

- Seus clientes vêem inconsistências como sinal da fraqueza ou da falta de comprometimento e aproveitam isso nas negociações
- Seus concorrentes interpretam mal suas palavras ou ações unilaterais como declaração de guerra (e respondem de forma agressiva)
- Sua força de vendas percebe as discrepâncias entre as palavras e ações internas e públicas, e volta para o sistema e para a tática que usava anteriormente

A forma mais cuidadosa é tratar cada comunicação para o mercado – e todas as ações que a sua empresa realiza – como um sinal claro que deixa pouco espaço para interpretações equivocadas. Ter a coragem e a convicção para realizar ações públicas consistentes e conscientes é o teste final para saber se você criou uma cultura baseada em lucros, restrições e diferenciação, e não com base em uma cultura de agressão, de reação e de conveniência.

Faça seus preparativos: onde estão seus negócios hoje?

Encerramos o livro com algumas perguntas que lhe permitirão controlar o progresso que você fez e definir suas prioridades urgentes em busca do lucro. Classifique sua empresa em uma escala de 1 a 5, onde 5 é o escore mais alto ou melhor:

- Até que ponto a alta administração enfatiza as metas de lucro em relação às metas de participação de mercado?
- Até que ponto a sua empresa está preparada para negociar volumes menores com lucros mais altos?
- Até que ponto todos os funcionários são recompensados explicitamente – e implicitamente – por buscar as metas de lucro, e não as metas de volume ou participação de mercado?
- Até que ponto a sua organização pensa nas conseqüências das decisões de *marketing* ao quantificar os efeitos que terão nos lucros?
- Até que ponto a sua organização está preparada para buscar o alto desempenho em lucro, e não apenas o bom desempenho?
- Você entende bem o que norteia as diferenças na disposição de pagar entre os segmentos de cliente?
- Até que ponto você evitou as ações de destruição dos lucros, tais como cortes de preço e ataques de valor?
- Até que ponto a sua comunicação de mercado – em palavra e ação – planejava, conscientemente, apoiar os esforços de preservar ou aumentar os lucros?

Quanto mais próximo você ficar de 40, mais próximo você estará de cumprir a promessa deste livro. É bem provável que você encontre e aproveite uma oportunidade de lucro equivalente a 1 a 3% de sua receita anual. Isso pode se traduzir em milhões de dólares de lucros adicionais. Você deve conseguir esse lucro com as mesmas pessoas e com os mesmos produtos maduros que você tem atualmente. Por fim, você deve conseguir esse lucro mantendo-se fiel ao programa integrado de muitas pequenas ações descritas neste livro, em vez de buscar uma grande idéia. Os dados na Figura 1.1, apresentada no Capítulo 1, mostraram que as empresas norte-americanas têm uma margem de lucro de 4,1%. Acrescentar de 1 a 3 pontos percentuais a essa figura seria, na verdade, o renascimento do lucro.

Notas

Capítulo 1

1. David Sedgwick, "Market Share Meltdown", *Automotive News*, November 4, 2002.
2. "GM Is Still Studying the $100,000 Cadillac", *Automotive News*, May 17, 2004.
3. Para ver uma confirmação empírica, consulte David Ogilvy, *Ogilvy on Advertising* (New York: Vintage Books, 1983), 74.
4. *Standort Deutschland—Ein internationaler Vergleich* (Cologne: Institut der deutschen Wirtschaft, 2005).
5. Robert D. Buzzell and Bradley T. Gale, *The PIMS Principles: Linking Strategy to Performance* (New York: Free Press, 1987), 94.
6. Bruce D. Henderson, *Perspectives on Experience* (Boston: Boston Consulting Group, 1968).
7. Veja, por exemplo Robert Jacobson and David A. Aaker, "Is Market Share All That It's Cracked Up to Be?", *Journal of Marketing* 49 (Fall 1985).
8. Paul W. Farris and Michael J. Moore, *The Profit Impact of Marketing Strategy Project: Retrospect and Prospects* (Cambridge: Cambridge University Press, 2003).
9. Kusum L. Ailawadi, Paul W. Farris, and Mark E. Parry, "Market Share and ROI: Observing the Effect of Unobserved Variables", *International Journal of Research in Marketing* 16 (1999): 17–33.
10. Ibid.
11. Robert F. Lanzillotti, "Pricing Objectives in Large Companies", *American Economic Review* 48 (1958): 921–40.
12. J. Scott Armstrong and Kesten C. Green, "Competitor-oriented Objectives: The Myth of Market Share", artigo, September 26, 2005.
13. Starbucks Web site: www.starbucks.com.
14. Starbucks 10-K filing, February 18, 2005.
15. Para obter mais informações, consulte Richard Harmer and Leslie L. Simmel, "How Much Market Share Is Too Much?", artigo, CustomerValueCenter LLC, 2001–2003.
16. Os detalhes deste caso foram modificados para garantir o sigilo.
17. Os detalhes deste caso foram modificados para garantir o sigilo.

18. W. Chan Kim and Renée Mauborgne, *Blue Ocean Strategy: How to Create Uncontested Market Space and Make the Competition Irrelevant* (Boston: Harvard Business School Press, 2005).

19. Daniel Goleman, Richard Boyatzis, and Annie McKee, "Primal Leadership: The Hidden Driver of Great Performance", *Harvard Business Review*, December 2001.

Capítulo 2

1. Friedrich von Hayek, *The Counter-Revolution of Science* (Glencoe, IL: The Free Press, 1952), 105.

2. Os detalhes deste caso foram modificados para garantir o sigilo.

3. Richard Harmer and Leslie L. Simmel, "How Much Market Share Is Too Much?", artigo, CustomerValueCenter LLC, 2001–2003, 1.

4. Ibid.

5. Rainer Meckes and Felix Krohn, "Lessons from the Decline of the House of Reuters", *Wall Street Journal Europe*, December 2, 2002.

6. Ajay Kalra, Surenda Rajiv, and Kannan Srinivasan, "Response to Competitive Entry: A Rationale for Delayed Defensive Reaction", *Marketing Science* 17, no. 4 (1998): 383.

7. Os detalhes deste caso foram modificados para garantir o sigilo.

Capítulo 3

1. Discussão com um dos autores, fevereiro 2003.

2. Konrad P. Koerding and Daniel M. Wolpert, "Bayesian Integration in Sensorimotor Learning", *Nature* 427 (2004): 244–247.

3. Charles Roxburgh, "Hidden Flaws in Strategy", *McKinsey Quarterly* 2 (2003).

4. Os detalhes deste caso foram modificados para garantir o sigilo.

5. Os detalhes deste caso foram modificados para garantir o sigilo.

6. Susanne Wied-Nebbeling, *Das Preisverhalten in der Industrie* (Tuebingen: Mohr-Siebeck, 1985), 137.

7. Robert J. Dolan and Hermann Simon, *Power Pricing* (New York: Free Press, 1996), 37.

8. Ibid., 37–38.

9. Thomas T. Nagle and Reed K. Holden, *The Strategy and Tactics of Pricing*, 2nd ed. (Upper Saddle River, NJ: Prentice Hall, 1995), 3.

10. Neal E. Boudette, "Power Play: Chrysler's Storied Hemi Motor Helps It Escape Detroit's Gloom", *Wall Street Journal*, June 17, 2005.

11. Andy Serwer, "Inside the Rolling Stones Inc.", *Fortune*, September 30, 2002.

12. Frank F. Bilstein and Frank Luby, "Don't Price Away Your Profits", *Wall Street Journal Europe*, September 23, 2002.

Capítulo 4

1. Fred Vogelstein, "Mighty Amazon", *Fortune*, May 26, 2003.

2. John D. C. Little, "Decision Support Systems for Marketing Managers", *Journal of Marketing* 43 (July 1979).

3. Os detalhes deste caso foram modificados para garantir o sigilo.

4. Peter Rossi, Phil DeLurgio, and David Kantor, "Making Sense of Scanner Data", *Harvard Business Review*, March–April 2000, 24.

5. Faith Keenan, "The Price Is Really Right", *BusinessWeek*, March 31, 2003.

6. Ibid.

7. Os detalhes deste caso foram modificados para garantir o sigilo.

8. Os detalhes deste caso foram modificados para garantir o sigilo.

Capítulo 5

1. Michael Lewis, *Moneyball: The Art of Winning an Unfair Game* (New York: W.W. Norton & Company, 2003), 98.

2. Os detalhes deste caso foram modificados para garantir o sigilo.

3. Os detalhes deste caso foram modificados para garantir o sigilo.

4. Para ver um tratamento mais detalhado, consulte Paul E. Green and V. Srinivasan, "Conjoint Analysis in Consumer Research: New Developments and Directions", *Journal of Marketing* 54 (October 1999); ou Dick McCullough, "A User's Guide to Conjoint Analysis", *Marketing Research* 14, no. 2 (Summer 2002): 19.

5. David Ogilvy, *Ogilvy on Advertising* (New York: Vintage Books, 1985), 164.

6. Hermann Simon, *Hidden Champions: Lessons from 500 of the World'sBest Unknown Companies* (Boston: Harvard Business School Press, 1996), 137–138.

7. Os detalhes deste caso foram modificados para garantir o sigilo.

8. Os detalhes deste caso foram modificados para garantir o sigilo.

Capítulo 6

1. Steven D. Levitt and Stephen J. Dubner, *Freakonomics: A Rogue Economist Explores the Hidden Side of Everything* (New York: William Morrow, 2005), 14.

2. Os detalhes deste caso foram modificados para garantir o sigilo.

3. Chris Zook, *Beyond the Core: Expand the Market Without Abandoning Your Roots* (Boston: Harvard Business School Press, 2004), 3–5.

4. Ralph Fuerderer, Andreas Herrmann, and Georg Wuebker, *Optimal Bundling: Marketing Strategies for Improving Economic Performance* (Berlin: Springer Verlag, 1999), 25.

5. Ibid.

6. Os detalhes deste caso foram modificados para garantir o sigilo.

7. Os detalhes deste caso foram modificados para garantir o sigilo.

8. Claude C. Hopkins, *My Life in Advertising* and *Scientific Advertising* (Lincolnwood, IL: NTC Business Books, 1986), 266.

9. Scott A. Neslin, "ROI Analysis of Pharmaceutical Promotions (RAPP): An Independent Study", apresentação não-publicada, May 22, 2001, 15.

Capítulo 7

1. Hermann Simon, "Pricing Becomes a Science", *Financial Times*, October 31, 2000.

2. Richard Harmer and Leslie L. Simmel, "How Much Market Share Is Too Much?" artigo, CustomerValueCenter LLC, 2001–2003, 1.

3. Os detalhes deste caso foram modificados para garantir o sigilo.

4. Gostaríamos de observar que, apesar deste elogio, sempre fomos críticos com a obsessão da America Online com a política de preços com margem fixa. Consulte o comentário feito por Markus Kreusch e Frank Luby, "The Flat-Rate Fallacy", *Wall Street Journal Europe*, May 13, 2001.

5. Frank F. Bilstein and Frank Luby", Casing AOL's Flat-Price Model", *Wall Street Journal*, December 10, 2002.

6. Os dados sobre os salários dos jogadores da Liga Nacional de Beisebol estão disponíveis em muitas fontes, incluindo ESPN.com.

7. Conversa com Frank Luby, Toronto, March 2003.

8. Vicki L. James, "Build Fan Base from Your Database", *Sports Business Journal*, June 14–20, 2004.

9. Dave Feschuk, "Market-Savvy Jays Discover the Winning Ticket", *Toronto Star*, February 6, 2004.

10. Ran Kivetz, Oded Netzer, and V. Srinivasan, "Alternative Models for Capturing the Compromise Effect", *Journal of Marketing Research* XLI (August 2004): 237–257.

Capítulo 8

1. John D. C. Little, "Decision Support Systems for Marketing Managers", *Journal of Marketing* 43 (July 1979).

2. Peter F. Drucker, *The Practice of Management* (New York: Harper-Collins Publishers, 1954).

3. Stephan A. Butscher and Frank Luby, "The Real Toy Story", *Wall Street Journal Europe*, January 28, 2002.

4. Andreas Kraemer, Robert Bongartz, and Armin Weber, "Rabattsysteme und Bonusprogramme", in *Handbuch Preispolitik*, eds. Hermann Diller and Andreas Hermann (Wiesbaden, Germany: Gabler-Verlag, 2002), 560.

5. "Frequent-Flyer Economics", *Economist*, May 2, 2002.

6. Megan Johnston, "Frequent Flier Alert", *CNN Money*, December 5, 2003, http://money.cnn.com/2003/12/04/pf/frequent_flier/.

7. "US Airways Implements Pricing Changes", press release da US Airways, August 27, 2002.

8. Barbara De Lollis, "Mileage Incident Bugs Some US Airways Fliers", *USA Today*, January 27, 2003.

9. Keith L. Alexander, "'Cockroaches' US Airways Worked to Keep", *Washington Post*, August 24, 2004.

10. Werner Reinartz and V. Kumar, "The Mismanagement of Customer Loyalty", *Harvard Business Review*, July 2002.

11. Os detalhes deste caso foram modificados para garantir o sigilo.

12. Ethan Smith, "Universal Slashes Its CD Prices in Bid to Revive Music Industry", *Wall Street Journal*, September 4, 2003.

13. Brian Carney, "Price Cuts Can't Save the Music Business", *Wall Street Journal Europe*, September 22, 2003.

14. David Kirkpatrick, "CD Price Cuts Could Mean New Artists Will Suffer", *New York Times*, September 20, 2003.

15. Ethan Smith, "Universal Slashes Its CD Prices in Bid to Revive Music Industry", *Wall Street Journal*, September 4, 2003.

16. "2002 Consumer Profile", Recording Industry Association of America (RIAA), Washington, DC.

17. Ethan Smith, "Music Industry Sounds Upbeat as Losses Slow", *Wall Street Journal*, January 2, 2004.

18. Ethan Smith, "Why a Grand Plan to Cut CD Prices Went off the Track", *Wall Street Journal*, June 4, 2004.

19. Janet Whitman, "Sony Aims to Improve Ties Between Products, Services", *Wall Street Journal*, November 5, 2003.

20. "Wiedeking's Strategy for Porsche: Image Builds Business", *Automotive News*, November 18, 2002.

21. Diana T. Kurylko, "Porsche Again Offers Incentives", *Automotive News*, November 2002.

Capítulo 9

1. Discussão com um dos autores, maio de 2003.
2. Os detalhes deste caso foram modificados para garantir o sigilo.
3. Os detalhes deste caso foram modificados para garantir o sigilo.
4. Os detalhes deste caso foram modificados para garantir o sigilo.
5. Os detalhes deste caso foram modificados para garantir o sigilo.
6. Carlos Tejada and Gary McWilliams, "In a Tight Market, Employers Are Finding Job Seekers Willing to Take Lower Salaries", *Wall Street Journal*, February 5, 2003.
7. Ibid.

Capítulo 10

1. Norihiko Shirouzu, "Redesigned Ford F-150 Pickup May Launch with Discounts", *Wall Street Journal*, February 18, 2003.
2. Taska Mazaroli, "Siemens Wants to Match Nokia Cuts But Wants to Avoid Price War", *Wall Street Journal*, June 18, 2004.
3. Pui-Wing Tam, "H-P Gains by Ceding Market Share to Dell", *Wall Street Journal*, January 18, 2005.
4. Michael E. Porter, *Competitive Strategy* (New York: Free Press, 1984), 75.
5. Scott McCartney, "Logic Behind Air Fares Often Defies Economics", WSJ.com, October 1, 2003.
6. Shirouzu, "Redesigned Ford F-150 Pickup May Launch with Discounts."
7. Norihiko Shirouzu, "Ford and GM Gear Up for Price War on Trucks", *Wall Street Journal*, July 2, 2003.

8. Ibid.

9. Russ Banham, "The Right Price", *CFO Magazine*, October 2003.

10. "IKEA muss neue Konkurrenten abwehren", *Frankfurter Allgemeine Zeitung*, April 5, 2003.

11. "Aggressive Ryanair Keeps Soaring", *CNN.com*, June 3, 2003.

12. "Ryanair will Preise senken", *Frankfurter Allgemeine Zeitung*, April 22, 2003.

13. As citações da Figura 10.1 vêm das seguintes fontes: Cecily Barnes, Jim Hu, and Larry Dignan, "Case: Rate Hike 'in the Cards' for AOL Service", CNet news.com, January 31, 2001; Daniel DeLong, "AOL-MSN Clash Begins with War of Words", *NewsFactor Network*, February 14, 2001; John Yaukey, "AOL Won't Raise Rates in Short Term", *Gannett News Service*, April 30, 2001.

14. "Tust du mir nichts, tue ich Dir nichts", *Frankfurter Allgemeine Zeitung*, June 16, 2003.

15. "Big Airlines Take Another Run at a Fare Increase", *New York Times*, February 18, 2003.

16. Os detalhes deste caso foram modificados para garantir o sigilo.

17. Conversa com Hermann Simon, janeiro de 2005.

Capítulo 11

1. Theodore Levitt, "Betterness", *Harvard Business Review*, November– December 1988, 9.

2. Hermann Simon, *Hidden Champions: Lessons from 500 of the World's Best Unknown Companies* (Boston: Harvard Business School Press, 1996), 271.

3. Peter Drucker, *Management Challenges for the 21st Century* (New York: Harper Business, 1999), 130.

4. Veja uma boa discussão sobre este tópico em Geoffrey Colvin, "The Wisdom of Dumb Questions", *Fortune*, June 27, 2005, 54.

5. Drucker, *Management Challenges for the 21st Century*, 101.

Índice

* indica nomes fictícios (para garantir o sigilo)

Acorn Holdings*, 153-156
administrando para o lucro
  envolvendo gerentes experientes, 173-175
  evitando recaídas e falta de comunicação, 175-177
  fases em, 25-29
  fazendo e definindo prioridades, 176-178
  mercado, revisão de posição, 171-174
  superando a cultura da participação de mercado, 172-174
agressão, cultura da, 22-23, 101-102, 113, 165-166, 175
agrupamento/desagrupamento, decisões, 102-108
Algonquin Manufacturing*, 34-38, 41
análise bayesiana, 49-50
análise conjunta adaptada (ACA), 85-88, 93-95, 107-108
AOL Time Warner, 117-120, 128, 143-144, 162-165
Apple Computer, 134
Appleton, Inc.*, 139-140
Armstrong, J. Scott, 18-19

Baldanza, Ben, 137-138
Bank42 Corporation*, 104-108
Bedrock Entertainment*, 81-85, 91-92, 94-95, 109-110, 121-122
benchmarks, competitivos, 62-63
Blue Ocean Strategy (Kim e Mauborgne), 22-23
Boyatzis, Richard, 23-24

Callisto Motors*, 102-103
campeãs ocultas, 173-174
canal, parceiros, recompensando, 153-156
Case, Steve, 164-165*f*
caso, estudos de
  ameaça competitiva, defendendo-se da, 44-46, 72-76
  aumentando os preços em um mercado em declínio, 118-120
  aumentando os preços para segmentos selecionados, 120-124
  aumentos de preços, extraindo mais valor através de, 115-117
  beisebol, preços das entradas de, 120-124
  canal, incentivos do parceiro de, 153-156
  cobrar pelo serviço, 54-58
  colocando preço em um novo produto, 92-95
  comportamento agressivo, reinando em seu próprio, 34-37
  corte de preço, decisão, 141-145
  cortes no programa de fidelidade, 134-136

desagrupando produtos, 102-103
eficácia do desconto de fidelidade, 139-140
identificando os clientes de alto potencial de lucro, 76-78
novo desenvolvimento de segmentação, 99-101
otimizando os pacotes de serviços e produtos, 105-109
preço, elasticidade de, 91-92
preço, preparação para aumento de, 164-165
pressuposições desafiadores sobre seus clientes, 52-53
resposta à ameaça competitiva, 42-44, 166-168
testando formas de segmentação do cliente, 84-89
testando impacto do lucro nas mudanças de *marketing*, 81-85
transmitindo as metas de *marketing*, 161-162
vendedores, incentivando descontos menores por, 147-153
vendedores, receita e lucro de, 68-71
Casual Male, 71-72, 120-121, 123-124
Chiames, Christopher L., 137-138
Circuit City, 156-158
cliente, análise da segmentação do. *Veja também* cliente, pesquisa de
agrupamento/desagrupamento, decisões, 102-107
amostra, determinação do tamanho da, 84-85
custos de pesquisa baseada em questionário, 86-88
desagrupando produtos (caso), 102-103
métodos diretos de questionamento de preço, 85-87
negociação, análise *postmortem*, 88-89
novo desenvolvimento de segmentação (caso), 99-101
objetivo do, 97-98
otimizando os pacotes de serviços e produtos (caso), 105-109

personalizando os esforços promocionais, 108-111
por preferências e disposição de pagar, 98-103
questionário, processo de projeto do, 87-88
resumo, 111
testando formas de segmentação do cliente (caso), 84-89
cliente, brindes ao, 131-133, 144-145
cliente, pesquisa do. *Veja também* cliente, análise de segmentação do
abordagens e aplicações, 80-81*f*
colocando preço em um novo produto (caso), 92-95
idéias possíveis da, 79-81
preço, elasticidade de, exame (caso), 91-92
resumo, 94-95
testando formas de segmentação do cliente (caso), 84-89
testando impacto do lucro nas mudanças de *marketing* (caso), 81-85
vendas e serviço, *feedback* das forças 88-90, 149-151
cliente, satisfação do, e eficácia do desconto de fidelidade nos lucros (caso), 139-140
clientes fiéis *versus* lucrativos, 138
corte de preço, decisão (caso), 141-145
cortes de preço proativos e, 139-142
cortes no programa de fidelidade (caso), 134-136
fidelidade, programas de, 133-134, 136-138
lucro, visão geral das ações de destruição de lucros, 131-133
resumo, 144-145
Coca-Cola Company, 135
Cockroach Club, 137-138
companhias farmacêuticas, 110-111
comunicação
atitude da alta administração e, 23-24, 156
confiança do funcionário na administração e, 157-158

corporativa para os vendedores, 147-148
identificação dos conflitos de meta, 156-157
para o mercado (*veja* mercado, comunicação de)
concorrência pacífica
    características da, 34
    concorrência, utilização do mapa da (*veja* concorrência, mapa da)
    defendendo-se da ameaça competitiva (caso), 44-46
    diferenciação como foco, 42-43
    diferenciação lucrativa e, 37-38
    focando-se na qualidade da receita, 36-37
    reinando em seu próprio comportamento agressivo (caso), 34-37
    respondendo a uma ameaça competitiva (caso), 42-44
    resumo, 46-47
consistência, corredor da, 113-116, 128-130
contaminação, efeito da, em uma negociação, 42-43
Continental Airlines, 136-137, 165-168
Continental Materials*, 166-168
cortes de preço agressivos. 132-133. *Veja também* preço, cortes de
Cortez Chemical*, 72-77, 91-92, 114-115
cost-plus, preço, 60-62
Cowger, Gary, 11
Credit Suisse, 108-109
custo, corte de
    lucro, doença do, 13-15
    mercado, participação de, 20-21
    vantagem do custo e, 141-142
custo total de propriedade (TCO), 115-117
custos fixos, 127-128

dados externos, 88-90, 149-151, 175 *Veja também* cliente, pesquisa do
dados internos
    defendendo-se da ameaça competitiva (caso), 72-76
    estabelecendo preços com base em, 120-124

identificando os clientes de alto potencial de lucro (caso), 76-78
posição, revisão, 171-174
receita e lucro por vendedor (caso), 68-71
resposta, geração de dados de, 70-72
resumo, 78
status, consolidação de dados de, 65-68
status e dados de resposta, descrição 65-66
DaimlerChrysler, 22-23, 61-62
Dakota Devices*, 52-53
Dell Computer, 38, 113, 127-128, 140-141, 159-160
Depardo*, 147-149
Deutsche Bahn, 134-136
Dolan, Robert J., 61-62
Drucker, Peter, 131, 174-175

Earnhardt Electronics*, 99-101
EarthLink, 118-119, 164-165
efeito do compromisso pelos clientes, 124-126
elasticidade de preço, 61, 91-92
empresas de serviços financeiros
    agrupamento, decisões, 104-108
    conflito entre participação de mercado e lucro, 155-156
espaço natural de uma empresa, 38, 170
experiência, curva da, 16-18, 20-21

"Falhas Ocultas na Estratégia" (Roxburgh), 50-51
falso consenso, efeito, 50-51
Farris, Paul W., 18-19
fidelidade, programas de
    ameaça de imitação, 133-134
    clientes fiéis *versus* lucrativos, 138
    cortes no programa (caso), 134-136
    eficácia do desconto (caso), 139-140
    visto como direito, 136-138
foco, grupos de, 83-85
Ford Motor Company, 22-23, 160-162
Freshwater Industries*, 34-38,

General Motors, 11-12, 22-23, 161-162
German Railroad Company, 134-136
Glass-Steagall Act, 104-105
GlaxoSmithKline, 110-111
Godfrey, Rob, 123-124
Goleman, Daniel, 23-24
Green, Kesten C., 18-19

Harley-Davidson, 134
Harmer, Richard, 38
Hewlett-Packard, 159-160
Holden, Reed K., 61-62
Home Depot, 125-126
Hopkins, Claude C., 108-111

IKEA, 162-163
Impacto do Lucro na Estratégia de *Marketing*, estudo. *Veja* PIMS.
incentivos
    conflitos de meta, 156-157
    liderança e, 155-158
    parceiros de canal, e 153-156
    vendedores, reduzindo os descontos, 147-153
inovação
    lucro, doença do, 15
    mercado, participação de, e, 19, 156
Internet, 21-22
Internet, entrevistas baseadas em, 85-87

Jagger, Mick, 62-63. *Veja também* Rolling Stones
James, Vicki L., 120-121
Jetson Motors*, 92-95

Kelly, Michael, 164-165f
Kent Molding*, 75-78, 91-92, 117-118
Kinston*, 90-92, 114-115, 149-151, 174-175
Kleber Enterprises*, 84-92, 114-115

Kmart, 133-134
Kumar, V., 138

Lanzillotti, Robert F., 18-19
leis antitruste, 42, 159-160
Levitt, Ted, 173-174
"Liderança Principal" (Goleman, Boyatsis, McKee), 23-24
Little, John D. C., 65-66
lucro, aplicações da curva de, 64, 117-118, 170
    custos fixos e, 127-128, 130
    explicação da, 58-60
    julgamento especializado e, 78, 91
    mudança devido a alterações de custo, 127-128
lucro, doença do
    condições do mercado maduro e, 15
    contradições em mercados maduros, 15-16
    resumo, 30-31
    sintomas do, 13-16
    vínculo entre participação de mercado e lucro, 16-19
    vínculo entre preço e lucro, 57-58
lucro, gerenciamento do. *Veja* administrando para o lucro
lucro, impacto do, nas mudanças de *marketing*
    definindo a métrica, 83
    reação competitiva, considerações, 83
    testando uma hipótese de comunicação (caso), 83-85
    testando uma hipótese de preços (caso), 82-84
Lyons, Steve, 159, 161-162

manufatura, empresas de (casos),
    automotiva, 21-23, 61-62, 92-95, 102-103, 160-162
    distribuição industrial, 90-92, 149-151
    equipamento industrial, 34-37, 52-53, 75-78, 99-101, 115-117

produtos ao consumidor, 153-156
suprimentos automotivos, 54-58
suprimentos industriais, 44-46, 66-76, 84-89, 166-168
mapa da concorrência vantagem competitiva *versus* comparativa, 39-41
   avaliação do concorrente, 39-41
   descrição, 37-38
   etapas na criação de, 38-41
   identificando limites naturais da participação de mercado, 38
   interpretação, 41-42
   reconhecendo o espaço natural da empresa, 38, 168-169
margem, 19-21
matriz BCG, 17-18
McKee, Annie, 23-24
mercado, comunicação de ações agressivas e, 165
   declarações públicas e, 159-161
   enviando sinais ofensivos, 165-167
   evitando recaídas e falta de comunicação, 175-177
   fontes de comunicação, 168
   interpretando os sinais dos concorrentes, 168-170
   preço, preparação para aumento de (caso), 164-165
   respondendo a uma ameaça competitiva (caso), 166-168
   resumo, 169-170
   sinalizando ações pendentes, 162-163
   transmitindo as metas de *marketing* (caso), 161-162
mercado, cultura da participação de
   adesão à, pelas empresas, 21-23
   atitude da alta administração e, 23-24, 156
   cultura da agressão, 22-23
   cultura da reação, 23-24
   listando os gerentes veteranos para a mudança, 173-175
   superando, 172-174
   tempo necessário para a mudança, 175-176

mercado, cultura de participação de (*veja* mercado, cultura de participação)
   falácia como meta, 11-13
   medida do sucesso de inovação, 19
   vínculo entre participação de mercado e lucro, 16-19
   visão dos gerentes da, 19-21
mercado, sinal de, 159-160. *Veja também* mercado, comunicação de
mercados maduros. *Veja* lucro, doença do
Merrill Lynch, 42-44
Microsoft, 114-115, 118-119
milhagem, programas de, 136-138
mix de *marketing*
   clientes e (*veja* cliente, análise de segmentação do)
   preço e (*veja* aumento de preço)
   promoção (momento e tipo), 108-111
   resumo, 111
modelagem de escolha discreta (DCM), 85-88, 93-95, 107-108
Moore, Michael J., 18-19
Morgan*, 166-168
Morris, Doug, 143-144
Mosella Industries*, 44-46, 140-141
MSN, 118-120, 164-165

Nagle, Thomas T., 61-62
negociação, análise *postmortem*, 88-89
Neslin, Scott A., 109-110
NetZero, 118-119, 164-165
Nikkoceram*, 44-46
Nintendo, 114-115
Nokia, 159-160
Northlight Sanitation*, 66-71, 78
Northwest Airlines, 159-161, 166-168

O'Leary, Michael, 162-163
Ogilvy, David, 87-88
olhe para a concorrência, estabelecimento de preços, 60-62

Península Auto Alloys*, 54-58, 113-114
PIMS (Impacto do Lucro na Estratégia de *Marketing*), estudo, 15-17, 17-18f, 18-21, 38
Pluspumps*, 115-117, 120
Porsche, 134, 143-145
Porter, Michael, 159-160
preço, aumentos de
    aumentando os preços em um mercado em declínio (caso), 118-120
    aumentando os preços para segmentos selecionados (caso), 120-124
    consistência, corredor da, 113-116, 128-130
    extraindo mais valor através de (caso), 115-117
    implicações dos, 113-116
    meios de conseguir, 113-114f, 114-115
    mudanças de custo com reflexo nos preços, 126-128
    para preservar lucros em mercados em declínio, 117-118
    preço, preparação para aumento de (caso), 164-165
    preço como indicador de valor, 123-127
    resumo, 129-130
preço, contaminação de, 43-44
preço, cortes de
    agressivos, 132-133
    decidindo (caso), 141-145
    fidelidade, programas de, e, 133-134
    proativos, 139-142
preço, elasticidade de, 61, 91-92
preço, resposta de, 61
    estimativa através do julgamento especializado, 72-78, 91-92, 106-107, 114-115
preço exorbitante, 125-126
preços variáveis, 120-122
pressuposições, desafiando
    cobrando pelo serviço (caso), 54-58
    cobrar pelo serviço, 53-55
    concepção equivocada do referencial competitivo, 62-63

fatos *versus* sabedoria convencional, 49-53
lucro, curva de, 58-60
resumo, 64
sabedoria convencional sobre preços, 60-62
serviço como ponte de diferenciação, 53-54
sobre seus clientes (caso), 52-53
utilidade do *feedback* do cliente, 56-57
vínculo entre preço e lucro, 57-58
PROS Revenue Management, 71-72

questionários
    custo do uso, 86-88
    métodos diretos de questionamento de preço, 85-87
    projeto, processo do, 87-88

Randolph Partners*, 150-153
Rapt, 71-72
reação, cultura de, 23-24, 54-55, 101-102, 113, 175
Reinartz, Werner, 138
resposta, dados de, 65-66, 70-72, 77-78, 82-83
Reuters, 42-44
Rolling Stones, 62-63, 103-105, 104-105f, 143. *Veja também* Jagger, Mick
Roxburgh, Charles, 50-51
Ryanair, 162-163

Samsung Electronics, 21-22
Sawtooth, 86-87
Schwartz, Steven, 71-72
Scientific Advertising (Hopkins), 108-109
Securities and Exchange Commission, 168-169
segmentação. *Veja* cliente, análise da segmentação do

Siemens, 159-160
Simmel, Leslie L., 38
Simon, Hermann, 61-62
sinal, mercado, 159-160. *Veja também* mercado, comunicação de
Smith, Steve, 120-121, 123-124
software
   fidelidade, descontos de, para (estudo de caso), 139-140
   para planejamento de demanda, otimização de preço, 71-72, 83
Sony, 114-115
Sony Music, 143-144
Southwest Airlines, 127-128, 140-142, 159-161, 168
Starbucks, 19-20
status, dados de, 65-68, 78
Stringer, Howard, 143-144
Sun Tzu, 33

Thomson Financial, 42-44
Toronto Blue Jays, 120-124, 128, 145

United Motors Corporation*, 21-23
Universal Music Group (UMG), 141-145
US Airways, 137-138

valor, ataques no, 131-133
vantagem competitiva *versus* comparativa, 39-41

vendedores e lucros
   atitude da alta administração e, 156
   canal, incentivos do parceiro de (caso), 153-156
   canal, parceiros, recompensando, 153-154
   comunicação corporativa, função da, 147-148
   confiança do funcionário na administração e, 157-158
   identificação dos conflitos de meta, 156-157
   incentivando descontos menores (caso), 147-153
   obtendo *feedbacks*, 88-90
   receita, desvantagem dos incentivos baseados em, 151-152
   receita e lucro, contribuições (caso), 68-71
   resumo, 157-158
   vendas e serviço, *feedback* das forças, nos clientes, 88-90, 149-151
volume, segmentação baseada em, 97-99

Wal-Mart, 23-24, 140-143
Walton, Sam 133-134, 140-141
Welch, Jack, 13-14, 17-19
White, Gary, 161-162
Wiedeking, Wendelin, 143-144
Wied-Nebbeling, Susanne, 61

Zilliant, 71-72